独学の教室

読書猿 Dokushozaru
吉田 武 Yoshida Takeshi
ウスビ・サコ Oussouby SACKO
澤井康佑 Sawai Kohsuke
鎌田敬介 Kamata Keisuke
志村真幸 Shimura Masaki
青い日記帳 Aoi Nikki-cho
永江 朗 Nagae Akira
佐藤 優 Sato Masaru
柳川範之 Yanagawa Noriyuki
石塚真一 Ishizuka Shinichi
岡部恒治 Okabe Tsuneharu
深川峻太郎 Fukagawa Shuntaro
角幡唯介 Kakuhata Yuusuke

インターナショナル新書 107

はじめに

本書は雑誌『ｋｏｔｏｂａ』二〇二二年冬号（集英社）の特集「独学の愉しみ」を新書にまとめたものです。

二〇二〇年の春以降、新型コロナウイルスが猛威を振るうなか、集団での行動は制限され、必然的に「独り」でいることが多くなりました。そんな状況で、読書や映画鑑賞をはじめ、YouTubeへの動画投稿や個人で練習できる楽器演奏を始めるなど、新しい活動にチャレンジする人が増えたと聞きます。奇しくも、自粛生活は「独学」に向いていたということでしょう。

そこで浮かんでくるのは「なぜ自分で学びたいのか」という疑問です。デジタルツールの進化により、あらゆる知識やコンテンツが瞬時に引き出せる今、はたして自力で学ぶことに意味はあるのでしょうか？

本書を読まれた後なら、この問いにきっと「ＹＥＳ」と断言していただけるかと思います。

本書には、独学の意義と方法から、英語、ビジネス、美術、読書、ノート術、漫画、数学、物理学、はては冒険まで、一四人の独学者による多彩な寄稿をまとめています。すでに独学を実践されている方から、これから独学を始めようとしている方まで、きっと独学の指標・参考になることでしょう。

SF作家のアイザック・アシモフは、「独学こそが、唯一の教育だと固く信じる」という言葉を残しています。ノンフィクション作品も合わせると五〇〇を超える作品を著す一方、生化学者として大学教授も歴任した碩学《せきがく》の言葉からは、「独学」という文字に漂う孤独感は感じられません。先人に学び、後人に託す。独学とは、一つのコミュニケーションとも言えるのかもしれません。

さて、それではいよいよ、独学の教室の開講です。

ｋｏｔｏｂａ編集部

目次

Part 2 私の独学、私と独学

Part 1

独学の真髄を味わう

技術革新がもたらすツールの進歩と学問分野の細分化に伴い、
学びの選択肢が増え続ける今、時代の要求も絶えず変化し続けている。
プロフェッショナルが語る「独学の現在地」に耳を傾ける。

独学者を阻む薄い壁

読書猿

独学者

どくしょざる　独学者。一九九七年にメールマガジン、二〇〇八年にブログ「読書猿 Classic」を開始し、古今東西の書物から、ツイッターの投稿まであらゆるテキストについて思索を深めている。著書に『アイデア大全』『問題解決大全』（共にフォレスト出版）、『独学大全』（ダイヤモンド社）がある。

「自分が苦手なことを克服するために本を書いているような気がします」みずから発想したことの間違いや嘘を捉えることこそが、第一歩を踏み出すきっかけになると言う。この世界における「独学」の意味をあらためて聞いた。

――二〇二〇年秋に刊行された『独学大全』は、二〇万部を超えるベストセラーになりました。これほど売れたことを、ご自身ではどう分析なさっていますか。

読書猿　想定外でびっくりしています（笑）。部数もさることながら、手にした人たちが本書で取り上げたテクニックをすぐに実践して、それをどんどんSNSにあげている。ぼくの書く本は「道具箱なんで、使ってナンボですよ」といつも言うんですが、今回はそんな必要はありませんでした。

独学する人たちは、マスとしてまとまりのあるかたちでは見えなかったけれど、多分ずっといたんです。学校に行けなくても、周囲の人に笑われたとしても、それでも知りたいと思う心、学びたいという気持ちは止めようがない。いま、ある原稿のために日本の独学書を明治時代まで遡《さかのぼ》って読んでいるのですが、「独学」がそこまで古い言葉ではないことがわかりました。日本がまだ新しい国だった頃、学校を急に増やすことができないなかで進学の機会は限られていた。それでも学ぶことに飛び込んでいった人たちが脈々といたんです。

『独学大全』はいま生きている人だけでなく、過去のそうした名も無き独学者たちとつながっている。そういう地下鉱脈ともいえるものに、たまたまぼくの本が突き当たったということだと思います。さらに遡れば、例えばぼくらがソクラテスのことを知ることができるのは、翻訳や写本などいろいろな人たちの手を経てその知を受け継いでいるからですよね。学ぶことでその脈々とした流れを実感できるんです。

独善に陥らないための独学

――読書猿さんの使う「道具箱」という言葉が印象的です。コンピュータの世界でも「ツール」という言い方がありますが、そのあたりとの関連はありますか。

読書猿　ぼくにとってはとても自然な着想だったので、あらためて発想の根源を尋ねられると、はっきりしません（笑）。

ただ、ぼくはずっと本を読むのが苦手で、その代わりに辞書を読んできたんですけど、辞書類のことを中国語で工具書というんですね。ああ、自分がもし本を書くことがあるなら工具書になるべきだろう、と。それはずっと思ってきました。

『独学大全』はビジネス書やノウハウ本として紹介されることも多いのですが、そういった書籍の多くは、著者が考えたベストな筋道を提供するというスタイルで書かれます。ぼくの本の場合、たくさんの道具を幕の内弁当みたいに詰め込んで、「この道具箱のなかから組み合わせて使ってください」というかたちになっている。Aさんには「1、2、3、4」がいいかもしれないけれど、Bさんには「4、5、6」がいい、ということがあり得ると思ったからです。こちらでレールを敷くのではなく、読者自身が組み合わせて使うほうが末長く使えるよね、と考えました。そのあたりは、UNIXというOSを生み出した人たちの哲学から多少なり影響を受けているかもしれません。

――「独学」には、独善に陥る危険性がつきものだと思いますが、それについてはどう考えますか。

読書猿　確かに独学には独善的になったり、陰謀論に陥る危険もある。そうしたなかで独学者に有利な点があるとすれば、「自分が学んでいる」という自覚があることでしょうか。

暇つぶしで動画をずっと見ていると、いまでは閲覧履歴からおすすめが抽出されて、同じような動画ばかりを見ることになりかねません。少々極端なたとえですが、その昔ならカルト教団に監禁されて、洗脳のための映像を何十時間も無理矢理見せられたのに匹敵する集中度で動画を見続ければ、考えが偏っていってしまう。そうしている人たちは「自分が学んでいる」とか「学び方を工夫しよう」とか思うことはほとんどないと思うんです。

それに対して独学者は、「自分が学んでいる」という自覚があるが故に、学び損なっていることや、学び方に失敗していることにいくらか気づきやすい。ほんとうに薄いメリットですけれど、独学者は自分が「しくじった」「偏っている」という自覚があるために、危険から身を引くことができる可能性が、そうでない人に比べて、ほんの少しだけ高いと思うんです。

それでも人は間違えると思うし、本を出してもらえましたけど、ぼくみたいな人間は危ないと思います。単純に面白いか、面白くないかという話になれば、面白いほうに飛びついちゃう。あと知識も足りないから、なにか学んでいて「えっ、こんなことも知らないであれを書いちゃったんだ」なんていうことは、しょっちゅうあります（笑）。
ただ、そういう自分の欠けている部分とか浅はかな部分を自覚している、正確にはいままで痛い目にあっているからこそ、面白さを優先するあまり嘘を書いていないか気になったり、典拠を調べまくって注釈をつけることにこだわります。物書きというのは怖い商売だと思ってるんですよ。「お前の独学本がトンデモ本じゃないっていう保証はあるのか」って声なき声が聞こえる（笑）。それに対して「いや、保証はできないけど、こんなことを思って、これだけのことをやってるよ」と言い返しながら、書いたり削ったり注釈することを続けているんです。

二分という薄い壁

――『独学大全』刊行から一年以上が経ち、各所からの反響を踏まえたうえで、あらためておすすめしたいメソッドを教えてください。

読書猿　「2ミニッツ・スターター」「ポモドーロ・テクニック」でしょうか。
独学というと、すごく大層なことだと思っておられる方が多いのかなと思います。例えば「2ミニッツ・スターター」は「二分だけやりなさい」と、着手することに大きな意味を持たせたメソッドです。「未着手」だったものを、「未完成」に生まれ変わらせる。速度ゼロから加速するのは大変なので誰しも腰が重くなるんですが、一度始めてしまうと続きをやりたくなる、もっと見たくなる、ということはありますよね。

とにかく手を着けることにはそれ以外にも恩恵があって、その課題や仕事がどのくらいで終わりそうなのかという目星がついたり、目的がはっきりしたりするんです。設定時間は一分でも、三〇秒でもいいかもしれない。

「時間がない」と言い訳する人に追い打ちになるエピソードを紹介しますと、乳児を育児中の方から、『独学大全』で紹介した「Anki」という単語帳アプリを使っているというメッセージをもらいました。片時も目を離せない方に比べたら、二分間ぐらい捻出できるじゃないですか。

ぼく自身もそうですが「この問題集を一週間で仕上げてやる」とか「一〇時間勉強する」とか、ええ格好をするんですよ(笑)。実現できたらすごいぞ、っていうプランを立てたときは気持ちがいいけれど、実現できないとあとで大変に落ち込むことになる。

2ミニッツ・スターター

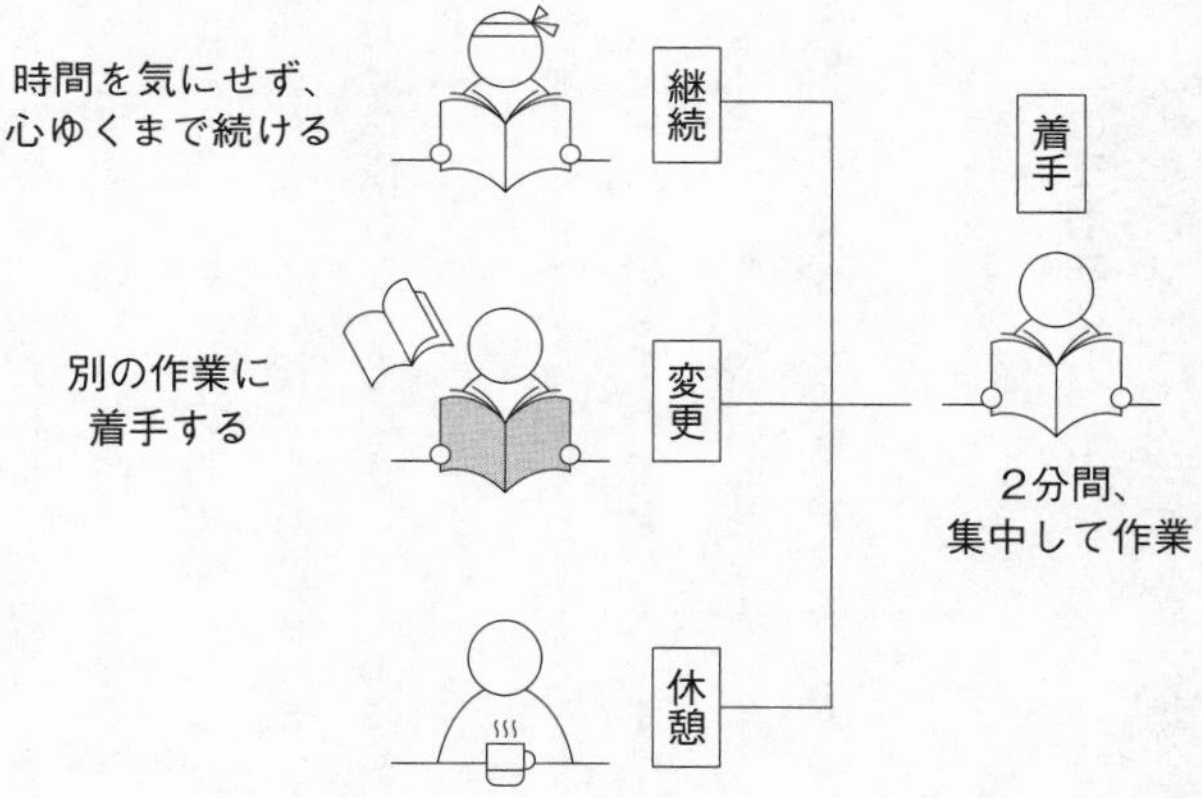

ポモドーロ・テクニック

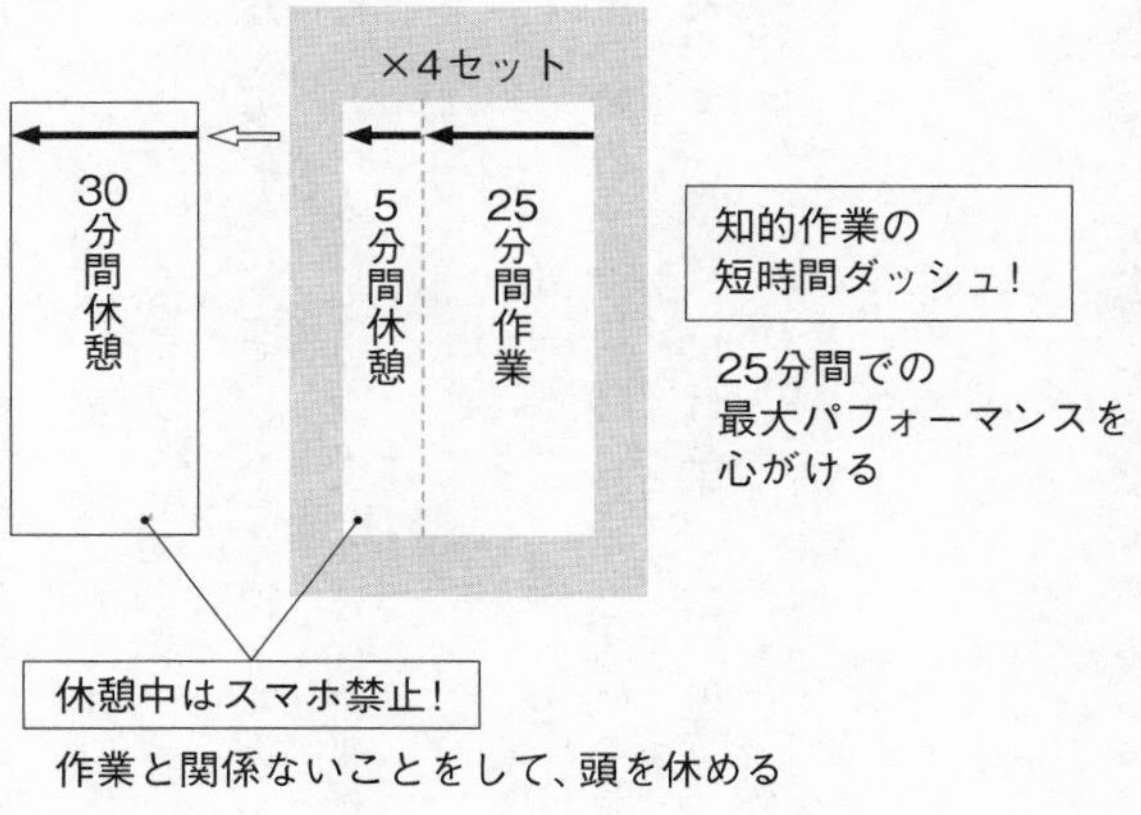

それよりは二分だけやってみて、それでも挫折したら「はい、挫折しました」でいいと思うんです。いちいち情けなさを噛《か》みしめる必要はありません。さっさと挫折して、また再開したらいい。次の日ぐらいには、また忘れてやっているかもしれない。

つまり、小さい挫折なら回復に要する時間も短くて済むんです。大きく挫折すると、三カ月立ち直れないということもあるかもしれませんし、もっとカジュアルに挫折すればいい。

勉強を続けるのは確かに大変ですよ。でも、「勉強って大変だよね」って言えるのは、それを何年も積み重ねてきた人です。ぼくらはまだ始めてさえいない。そして何年間の積み重ねも、二分間やることの果てにあると思うんです。最初の壁は本当は薄い壁で、実は「この二分が人生を変えるかもしれない」というタイミングがあちこちに転がっているはずです。

「知識」の三層構造

――これまで書かれた『アイデア大全』『問題解決大全』『独学大全』はいずれも「大全」

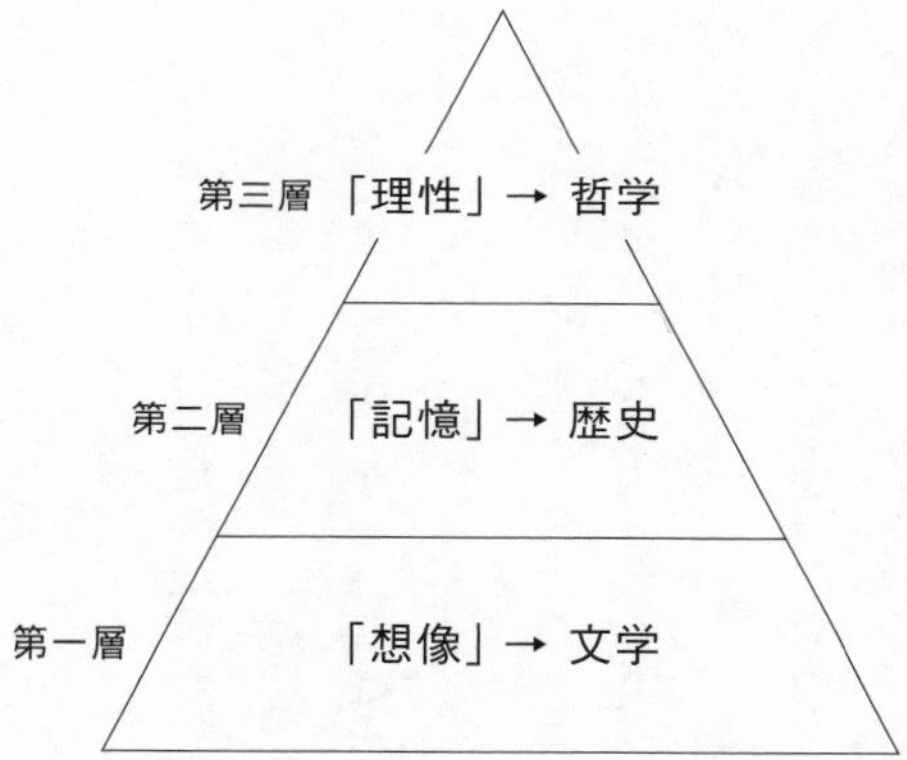

と名がつく本ですが、相互にどういう関係にありますか。

読書猿　フランシス・ベーコンが『学問の進歩』のなかで知識を三つに分類していて、ドゥニ・ディドロたちによる『百科全書』もそれを踏襲しています。「想像・記憶・理性」というもので、学問に当てはめると上図のようになります。

この分類では、数学や自然科学も理性のグループに入ります。あらゆる学問が哲学から「離陸」したわけで、その知識は理性の基準に照らして、矛盾していたり、現象や他の理論と不整合だったりすると、どこがおかしいのか突き止められて、ダメなものは取り除かれる。いま学問と呼ばれるもののほとんどは、この系譜に連なる後継者です。

文学があって、歴史があって、その他の科学や数学などアカデミックに突き詰められたさまざまな学問があって、というふうに三つを並列させると、あらゆる知識を分類できるとベーコンは言います。この考え方はいろいろなところで活かされていて、例えばメルヴィル・デューイの図書分類法もベーコンの三分法をベースに考案されたといわれます。

ぼくはあるとき、この三分法の三つは横に並列するというより、縦に積み重なるんじゃないかと思ったんです。いちばん大きなものが最下層になるとすれば、「想像」が来るはず。ふだんぼくらが考えている、正邪以前のさまざまな思いは、そのうちごく一部が記録されたり、伝承されたりして「記憶」となりますが、想像されたもののすべてが記憶されるわけではなく、忘れ去られるもののほうが圧倒的に多い。さらに「記憶」のすべてが合理的というわけじゃない。

そう考えると「想像」の層の上にはそれより小さな「記憶」の層があり、その上にさらに小さな「理性」が乗る。この最上部には記憶されるもののなかでも、理《ことわり》の目で見てその基準をパスしたものです。科学や学問に値するところまで精錬されたものは、人が記憶したもののごく一部、記憶すべきものは想像したことのごく一部だから、この三層はどうしてもピラミッド状になります。

前置きが長くなりましたが、『アイデア大全』はこの第一層、つまりいちばん下の「想像」の層についての本なんです。ページの都合で二つに分けましたが、元は『問題解決大全』も『アイデア大全』と一緒になるはずでした。

そして『独学大全』は、おそらく第二層に関する本です。ぼくは「人文知」をこの第二層に関する知的営為だと考えています。第一層から上がってくる妄想や想像も扱わないといけないし、記憶すべきものを吟味しなければいけない。そして誰かが記憶してくれたものを見つけて結びつけることも仕事なんです。

――そのような三層構造を思いついたのはいつですか?

読書猿　整理できたのは『独学大全』を書いたあとですが、その萌芽はいろいろあったんだと思います。

『アイデア大全』のまえがきに、人文知の任務は、「人が忘れたものや忘れたいものを、覚えておき／思い出し、必要なら掘り起こして、今あるものとは別の可能性を示すこと」と書きました。人文知を扱う第二層のもう一つ下の層には、本当に妄想的で、世の中の事実とももまったくマッチしないような「想像」の「知」がある。しかし、それは思考を始めるために不可欠で、発想法の根底にあるといえるんです。

言い換えれば、「理性」だけが大事な人は、『アイデア大全』で紹介したような発想法をデタラメなものとしていやがるかもしれません。でも発想法とは、そもそも間違いを作るものなんです。でないと、いまある正解を超えた新しいものは生まれない。人文学が記憶すべきことよりももっと広がった、記録するにも値しない、ほぼ嘘ばかりのことがプカプカと浮かんでいる。そういうベースがないと世の中の「知」はそもそも成立しない。『アイデア大全』が「大全」シリーズの一冊目なのは、こういうことをどこかで考えながらやっていたからだと思うんです。

こぼれた記憶を掬《すく》う人文知

——そんな読書猿さんにとって、独学とアカデミックな学問との間の距離感はどのようなものですか。

読書猿　アカデミックリサーチはまさに三層構造の「理性」に分類されるわけですが、ぼくの見立てでは、知的営為の一部——すごく重要な一部ですが——でしかない。「理性的に見ると基準に満たないレベルですね」と言われて破り捨てられたものが、すべて消滅し、忘れ去られてしまうかといえば、そんなことはない。

それはちょうど、歴史学に対して民俗学が扱うようなものです。例えば、ある山に「ダイダラボッチと呼ばれる巨人が手から落とした」「ひとかたまりの土からできた」という伝承があったとします。この話は地質学の水準をクリアすることはできないけれど、民俗学はその伝承内容が真実であるかどうかを問わない。そういう伝承があったという事実そのものが尊いから、記憶しようというのが民俗学です。

弁財天を祀《まつ》った神社があれば、そのあたりは水害が多い地域だったのかもしれない。ある神様がいることと、水害があることには直接の因果関係もないので、理性の基準で調べると学問としてパスできないけれど、その神社をつくった過去の人々から知恵をもらおうと思えば、そういう記憶の声を聞く民俗学的な知識が必要になる。そういう人たちが蓄積した伝承は、先ほどの三層構造では第二層の部分、つまり人文知が扱う「記憶」の層にあたるわけです。

――整理整頓された知の下に、モヤモヤしたことや間違ったこと、失敗したこと、学びかけて途中で放り投げたものがある。『大全』シリーズはそれを認めて受け止めながら、前に進むための本なんですね。

読書猿　そうですね。でも『アイデア大全』について先ほどのように説明すると、「この本を読めば正解できるアイデアが得られると思っていたのに、裏切られた！」と怒る人がいるんですよ（笑）。既存の「正解」を当てるだけなら、発想法はいらない。過酷な状況にいるからだと思うんですが、いまの若い人は正解に対する固執が強い人が多いのが気になります。それは、選択肢を制限したり視野を狭めて、悩みを強めているかもしれない。

――最後に、『独学大全』を読んでもまだ一人で「学び」を始めるのが億劫《おっくう》だという人に、なにか一言アドバイスを。

読書猿　その人の人生には学ぶことよりも大切なことが他にあるということだと思います。それは悪いことではないし、もちろん皮肉でもありません。

ただ、"Books can wait" ――本は待ってくれます。独学ツールの道具箱である『独学大全』もその本のなかの一冊であり、いつか学びが必要になったときに役立ててもらえたらいいなと思います。

インタビュー・文＝仲俣暁生

吉田 武

京都大学工学博士

独学とは再帰なり　選ばれし者から選びし者へ

よしだ たけし　京都大学工学博士（数理工学専攻）。著書に『虚数の情緒　中学生からの全方位独学法』『処世の別解　比較を拒み「自己新」を目指せ』（共に東海大学出版部）、『はじめまして数学リメイク』（東海教育研究所）、『呼鈴の科学　電子工作から物理理論へ』（講談社現代新書）など多数。

数多《あまた》在る理系専門書の中で、数学・物理学を中心に、長年に渡り独特の位置を占めてきた独学本の著者が示す「独学への道標」。自らを師とする学びは「人生そのものを変える」と説く。

1 独学とは何か

独学とは、独り静かに本を読み耽《ふけ》ることではない。自ら問い自ら答える、粘り強い教師と楽天家の学生の一人二役を「脳内で賑やかに」演じることである。本も学習法も環境も全て自分で決める。その決意こそが独学成功の鍵となる。学ぶべき範囲を体感するために、網羅系の参考書（受験目的ならば三年分）を準備する——無理ならば教科書でもよい。本は初回は後ろから前へ、細部に拘《こだわ》らず流し読む。こうすれば頁を捲《めく》る度に話が簡単になり気が楽である。

その全てを見て、例えば数学なら、気になる用語や図形、面白そうな議論や数式があれば、そこから読み始める。何か一つでも「分かる」ことが出て来たら、その頁がその時点での自分の知識の上限であると「分かる」。数百頁に渡る本の一頁一行でも分かれば、既にもう「昨日の自分ではない」、確実に進歩したと感じる楽天家であることが必要である。その一問を複数の別解を見出すまで味わう。本は学習の端緒を得るために用い、そこから得た題材を元に自分で問題を作り、そしてそれを解く。その結果に対して、再び参考書を参照しながら検討を加える。これを繰り返す。壁塗りに譬《たと》えれば、分厚く塗って一度で完成させるのではなく、薄く薄く何度も重ね塗りをする要領である。

2 再帰とは何か

独学の英訳「You teach yourself」、直訳すれば「あなたはあなた自身に教える」となるが、単に「あなたに」ではなく〈あなた自身に〉とする yourself は「再帰代名詞」と呼ばれている。自分自身に返る、これを再帰というのである。

初学者に英英辞典を薦めると、「アルファベットもままならないのに到底無理だ」と一蹴される。しかし、我々は母語を如何にして習得したのか。赤ん坊は空っぽの頭の中に如何にして言葉を収めたのか。日本語を元に日本語を学ぶ、そこには「日日辞典」しかなかった筈《はず》である。しかし、要らぬ知恵が付くと「それは理屈に合わない」と言い出す。「定義の中にそれ自身を含む」ような表現は直ちに却下される。しかし、これこそが再帰の定義なのである。

現在地と次の一歩（あるいは前の一歩）の歩幅を決める。最初の一歩目は何処《どこ》に決めてもよい。これで全てが決まる。何も決まっていないように見えて、実は全てが決まってし

典型的な入れ子構造を具現化した「マトリョーシカ人形」は再帰のシンボルである
イラスト：広末有行

まう、それが再帰である。自分自身を基準にして、それを変化させる。「変化した自分が次の自分」になる。これを繰り返す。これは学習行為そのものである。成長するのもさせるのも全ては自分自身であり、そこに他者が介在する余地は無い。「独学とは再帰なり」とする所以である。

3　独学とＯＪＴ

著者は「大学卒業の価値とは何か」と問われれば、「もう大学に行く必要が無くなること」と答える。大学では専門を修める過程で、一般的な自己教育の技術、即ち独学の仕方をも学ぶので、医学や理工学のような大規模設備を必要とする学問以外の座学の場合、例えば文学部を卒業すれば、後は自力で法学でも経済でも充分に学べる。同様に物理学を学べば、化学も生物も歴史も文学も大学レベルのことは独学で身に付けられる筈である。もし、高校時代に独学の手法を充分に理解出来たなら、少なくとも大学三年次までの座学科目に関しては独学で事足りるだろう。この手法は「ＯＪＴ」にも通じている。

ＯＪＴ（On the Job Training）とは米国由来の職業教育の名称であり「現任教育」とも訳

されているが、洋の東西を問わず理科系の大学院以降の教育においては大半がＯＪＴであると言えるだろう。何かを短期間に身に付けるには、必要なものを必要なタイミングで集中的に学ぶしか手は無いので、自然とそれは「ＯＪＴ的な発想」のものになる。ＯＪＴと独学は相性が良いのである。

4　独学の短所と長所

さて、独学の最大の短所は、成果が出るまでに時間が掛かることである。従って、試験対策のみが目的の人、何らかの事情で先を急ぐ人には全く勧めない。時間的な余裕のある人だけに許された手法であると心得て頂きたい。最後の最後まで掛けた時間と成績は連動しない。閾値《いきち》を超えた瞬間に爆発的に向上するが、そこまでは全く伸びない。思い付くまま気の向くままに題材を選んで、個別の対象に没頭していては当面の試験の点数には結び付かない。当然の話である。そこで、多くの人が閾値を目前にして止めてしまう。従って独学の評判は悪い。「やはり助言の得られる人に付いて」となるのである。

しかし、短所と長所は紙一重である。「他者からの助言が得られない」ことは短所であるが、「他者からの助言から免れる」ことは長所である。前者に「有益な」と付け、後者に「誤った」と付ければ、誰しも納得する話であろう。しかし、有益な情報だけ取り有害な情報は一切捨てる、そんな便利な篩《ふるい》は存在しない。同じ助言でも、益か害かは状況によって変わるのだから。

そこで助言の「収支」が黒字か赤字かに注目する。しかし、それは環境に大きく依存するため、一般的には語り得ない。よい家族、友人、教師に恵まれた人は、的を射た助言を得られるに違いない。逆は悲惨である——同病相憐れむとやらで「仲間を増やしたいだけの数学無用論者」も多い。独学は、有益な助言も得られないが、偏った見解に身を晒《さら》すことも無い。独学の収支は常にゼロである。ただ厄介なことに、世に溢れる奇妙な「断定」が悪さをする。

5 人を見て法を説く

教育の深度を無視した断定が数学には多い。その例を幾つか紹介しよう。

「数学は積み重ねであり、初めに躓《つまず》けば後々まで響く」「数学は厳密である」「基礎が無ければ応用問題は解けない」「公式は暗記・計算は訓練」「暗記だけではダメ。考える力が必要」「考えるだけではダメ、計算力が必要」等々。

数学に苦手意識を持たれている方の多くが、何処かで誰かからこうした「助言」を受けた経験をお持ちではないか。何故なら「苦手」の直《す》ぐ後に、「数学はそもそも……でしょう。それが性に合わなくて」と右の例を織り交ぜて語られる場合が多いのである。そこで著者は、こうした「人を見ない助言」さえ無ければ、もっと素直に数学を学ばれただろうにと思ってしまうのである。数学の学習は、巷間《こうかん》言われているような雑な意味での「積み重ね」ではない。確かに数学は壮大な「一つの体系」を為している。ただし、「一つだから端から順番に」という話にはならない。その意味は随分と違うのである。

数学には、表面的には異なる姿をしたものが、より深く調べると実は「同じ対象を異なる視座から捉えたもの」として理解出来るものが多い。その繋がりを自力で発見した時、人は大きな感動に包まれる。これが数学の魅力である。換言すれば、数学においては「同じ根を持つ花が姿を変えて何度も咲く」ことになる。高校課程から例を引けば、「複数の数を束ねた概念」として「座標」「ベクトル」「複素数」等が登場し、幾何的な対象を描写する。逆に見れば、一つの図形を表すにも、様々な概念が利用出来るということである。

何処を切っても無関係なものなど何一つなく、全てが複雑に絡み合っており、それでいて全体が統一的に働く。これが数学の大きな特徴であり、「一つの体系」の意味である。であるならば、どの「切断面」から侵入しても何処へでも辿り着くことが出来る。即ち、学習は「どの分野のどの単元から始めても構わない」ということになる。単純な積み重ねではないのである。躓けば別の道を探すだけである。何が基礎で何が応用かは、状況により変わるのである。

6 足場のある数学

確かに完成した数学は、厳密な議論に耐え得るものである。しかし、それを扱うのは人間である。教える方も教わる方も形式的な議論だけでは、決して「心が納得」しない。大胆な簡略化や比喩、譬え話を織り交ぜなければ、血の通った話にはならない。「足場が無ければ塔は建たない」ことを忘れて、足場を処分した後の塔の美しさを論じたところで実体には迫れない。むしろ、最も重要なところに光が当たらず、ピント外れの議論になるだけである。厳密性が重要なのは完成形においてである。途中の議論が緩くとも構わない。そうした過程の一々を初学者が気にしていたら、学ぶことに臆病になるだけだろう。

7 競技数学の弊害

さて、数学を苦手とされている方に、それは何時頃《いつ》からだったかをお訊ねしたい。理由は様々だろう。しかし、切っ掛けは想像出来る。試験である。試験には大きく分けて、資格試験と選抜試験の二種類がある。学校の定期試験は、卒業判定に関わる試験であり資格試験である。如何に難しいとされている国家資格であっても、そこに合格の上限値、所謂《いわゆる》「定員」が無い限り、それは資格試験であって、一定の水準さえ超えればよいということになる。

ところが入学試験や入社試験は選抜試験である。定員が決まっており、昨年なら通った成績でも今年は落ちることがある。資格試験は実力さえあればそれでよいが、選抜試験には運の善し悪しが付きまとう。資格試験は自己との闘いであるが、選抜試験は他者との闘いにもなる。この意味で資格試験は牧歌的である。それに比して選抜試験は果てしなく残酷な競争である。話題を数学に限定すれば、選抜試験における数学はスポーツと同様の勝負事になり易い。これを「競技数学」と呼ぶことにしよう。一方、資格取得のための数学を「免許数学」とする。数学が競技になると、速く確実に解くことのみが競われ、理解の深度は問題とされない。問題を作る側も、受験生の得点を幅広く分布させるために、平均的な学生では時間内に解き得ない分量の問題を出すようになる。所謂「時間攻め」である。斯《か》くして速さは「正義」になる。

数学に対する苦手意識は、この競技数学への移行期に始まるのではないか。そもそも学校教科書は、資格試験向けに特化してある。分野別・単元別は指導も評価もし易いが、僅《わず》か一問を解くにも多方面の知識が必要とされる選抜試験には向かない。昨今、中高一貫校が受験界で評価されている理由は、こうした状況を熟知した上で六年の長期計画を立て選抜試験対策に集中しているからである。しかし、真に重要な問題は、こうした誰もが知っている話ではなく、「本質的」だとか「本当の実力」だとかいった言葉が飛び交う現状である。

8　学習意欲を削ぐ言葉

例えば、成人であれば、どんなに数学が苦手な人でも中学数学全体の把握に三ヶ月は要しない。参考書の問題も解ける。ところが、入試問題に取り組むと三割程度しか出来ない。この時に必ず、「本質的に理解していないから過去問が解けない」とか、「本当の実力が無い、一から出直すべきだ」だとかいった「助言」が為される。長距離走の選手が、瞬発力が全てを決する短距離に出ても上手くいかない。それは「本質を理解していない」ためでも、「本当の実力が無い」ためでもない。しかし、多くの人がこの種の「助言」を真に受ける。「全く出来なかった」「見ての通りです」と落ち込むのである。こうなると、どれだけ「あなたは出る競技を間違っただけだから」と励ましても無駄である。

「答だけ合っても仕方がない」と当然のことを大声で言うのではなく、「無茶苦茶なのに答だけは合っているのは何故か」と共に考えるべきなのである。勿論、肯定的だから有益で、否定的だから無益だというわけではない。要は一緒になって悩み考える気概があるか否かということである。

数学特有の傾向かもしれないが、文中に「本質的な」「本当の」「〜に過ぎない」「厳密ではない」を多用する人は要注意である。著者自身もこの種の表現を使うことはあるが、末尾を「だからダメ」で締めることはない。こうした表現によって、数学から離れた人が少なからずいることを知っているからである。数学の表現を純化する勢いで、学習者の未熟を糾弾しているようでは、一体誰のための教育かという話になる。如何なる大学者であろうと、それはその個人の数学観であって、参考にはしても鵜呑みにするものではない。

9 独学の現在

電子本の出現により本の可搬性が増した。同時に大画面の端末が安価で入手出来るようになった。これなら参考書も大判の図録も便覧も持ち運べる。何時でも何処でも独学可能な環境を、誰もが持てる時代になったわけである。

また、ネットにより個人の学習環境は劇的に変化した。無料で使える非常にレベルの高い教材が、YouTubeを中心に存在している。特に数学と英語は枚挙に暇《いとま》が無い。独学と言えば、一番にこれらの活用を唱える人も多いだろうが、「主」ではなく「従」の存在に留めておくべきものと思われる。勿論、丁寧で落ち着いた論調のものもあるが、多くは強く受験を意識した作りになっている。即ち、これらは「競技数学」に対する処方箋が主であり、初学者の素朴な疑問を解消するには至らない場合が多いように見受けられる。「特定の大学の特定の入試問題を解く」ということに限れば、手間暇を惜しまず丁寧に説明している方も多いので、その方面を必要とする人達には極めて有効であろう。

10 映像授業の問題点

動画による学習は非常に疲れる。これが最大の弱点である。僅か五分でも対面授業では感じない長さを感じる。その理由として「環境に順応して次第に贅沢になる」という人間の性質が挙げられる。五分なら三分に、三分なら一分にまとめられる筈だと思い込み、それを期待する。ライブ演奏なら時の経つのも忘れるが、録画で見ると間延びしてしまう。どうやら我々にはそういう感覚が備わっているようである。膨大な量の情報を動画に詰め込んでも、「視聴に一時間掛かる」というだけで敬遠する。「僅か一時間」と製作者が強調しても、視聴者は「一時間も」なのである。人と人との関わりの中で、「その場を共有する体験」は、やはり何物にも代え難いものがあるのだろう。

特に語学教育では「聞く話す読む書く」の全てを行い、「五感を総動員して記憶せよ」と「二次元の画面」から呼びかけている。しかし、五感とは視・聴覚に加えて触覚、味覚、嗅覚を伴う三次元の話である。この意味では、二次元の配信授業は、三次元の対面授業に勝ることは出来ない。対面ではなく配信の時代だと言われても、この矛盾がある限り、そう易々と信用することは出来ない。一覧性において遥かに劣る電子本を、紙に代わるものと主張されているのと同根である。両者は排他的ではなく「相補的な関係にある」のである。

11 独学の友

数学の美を語る人は多い。しかし、数学は美しいだけではなく「逞《たくま》しく」もある。成立条件を無視しても「壊れず」に機能してくれる「場合もある」。物理学者は、数学の逞しさを語るに最も相応《ふさわ》しい。怖いもの知らずの彼等は数値実験と勘だけで答を導き、無限大が出たなら計算を途中で止め、等しくないものも等しいと見て正しい結論を導いてみせる。大慌ての数学者が後を追い、「乱暴狼藉《ろうぜき》を糺《ただ》す」ために孤軍奮闘する様子を見ることも稀ではない。こうした両分野の相互作用が「新しい数学を生む契機になった」ことも多いのである。

具体例に学ぶことは自然科学だけではなく、人間の学習行為全てに大きな意味を持つ。数学学習においても「数値による実験」は極めて効果的である。ウエブサイト：Wolfram Alpha では、万能計算システムを標榜する Mathematica に類似したシステムを無料公開している。このシステムを活用することで、学校数学における多くの問題が解ける——携帯電話でも可。さらに、Mathematica の核の部分も無料で配布している。これを用いれば大学入試レベルの問題が、数式入力の手間だけで解ける。無限大の処理も、グラフを描かせることも容易である。最強の道具であり、正に独学の友である。

Mathematica が如何に強力な計算システムであるか、その感じ方は数学的な知識の深浅により大きく異なる。一方、Mathematica を操っているだけで数学的な知識は劇的に増えていく。これもまた一つの再帰構造である。

12　選びし者として生きる

金の亡者は忌み嫌われるのに、世間の目を気にする「評判の亡者」は許容されている。

ウエブサイト:WolframAlpha (https://ja.wolframalpha.com/) は、具体的な計算を通して問題の解答を視覚的に与える。
例えば，再帰の典型事例である階乗は

f(1)=1, f(n)=n*f(n-1)

と入力すれば、その値と説明が表示される——第二式の右辺にも左辺にも「f」が存在する点が再帰の特徴である。また「日本の人口」と入力すれば、グラフを含む具体的なデータが見られる。

いや、むしろ推奨されている。世の評価を受けた者、「選ばれし者」として喝采まで受けている。その妄執がストレスと呼ばれるものの正体であるとも知らず、本人もその気になっている。社会を忌避し離脱せよというのではない、価値の基準が「他人からの評価だけ」であることが問題なのである。

独学には確かに色々なリスクがある。それでもお勧めする理由は、全てを自分で選び、結果を受け入れ、誰にも縛られず、「選びし者」として生きていけるからである。誰かに「選ばれる」こと、そして次の誰かを「選ぶこと」、その地位に至ることだけが人生の喜びではない。

世俗の評価という泥沼から脱して、進むも自由、退くも自由の境地に達することも大きな喜びである。それは人生そのものを大きく変えるだろう。人生にとっての再帰とは、全てを一日の積み重ねと見ることである。命尽きた後に明日は無く、誕生以前に昨日は無い。何れも「今日一日の大切さ」を最大限に強調している。独学は年齢に頓着しない楽天家のものである。若齢でも高齢でも、自分の人生を変えることに遠慮は要らない。畢竟《ひっきょう》ゲームは虚無である。人生はゲームではない。即ち……

ウスビ・サコ

京都精華大学前学長

自力で学ぶ「自学」のすすめ

ウスビ・サコ　京都精華大学前学長、人間環境デザインプログラム教授。一九六六年、マリ共和国、首都バマコ生まれ。京都大学大学院建築学専攻博士課程修了。建築学、空間人類学を専門とし、「京都の町家再生」などをテーマに研究を進めている。著書に『アフリカ出身サコ学長、日本を語る』(朝日新聞出版)、『「これからの世界」を生きる君に伝えたいこと』(大和書房)などがある。

独学の対義語は「通学」とされているが、学校に通えば学びは得られるのだろうか？　サコ学長は「なんでやねん！」と、気になったことに「問い」を投げかける姿勢が、学びの機会を与えてくれるという。

独りで学ぶのではなく、コミュニケーションにこそ独学の鍵があると語ってくれた。

西アフリカのマリの高校を出てから、建築学を学ぶため、中国に五年ほど留学していました。そこでの研究生活に限界を感じるなか、旅行で東京を訪れ、日本独特の文化にすっかり魅了されてしまい、次なる舞台を日本に移そうと思ったのです。

一九九一年の三月に伊丹空港に到着し、四月から大阪に住んで、さっそく日本語学校に通い始めました。中国語や漢字については多少知っていましたが、日本語の知識はゼロでしたから、初心者のクラスから始めることにしました。

当時の語学学校は、留学生に一年半くらいかけて日本語をマスターさせ、次に進む専門分野の学校を紹介したり、学校に推薦したりするのが通常でした。しかし私は「一年半も日本語学校に通っている暇はない。すぐにでも大学で学びたい」と思っていました。

というのも、中国ではマリの国費留学生という身分だったので、自分の部屋をはじめ、勉強に必要な環境がすべて整えられていました。でも日本では、何から何まで自分で工面する必要に迫られていました。九〇年代初頭の日本の物価は、中国とは桁違いに高かったし、日本語の勉強に時間を割きたくてアルバイトもしていませんでした。日本人の学生との交流もないし、とにかく日本で生活していく知恵が不足していたんですね。「こんなんで、本当にやっていけるんかな?」という不安と焦りでいっぱいでした。

これはもう自分で大学に当たっていくしかないと思って、関西で建築学を教えている大学を抜き出し、片っ端から先生たちに電話をしていったんです。当然、皆が皆、会ってくれるわけではありませんでしたが、その中で京都大学の故・巽《たつみ》和夫先生が、「お前はなかなかのチャレンジャーだ」と評価してくれました。日本に来て間もない留学生が、大胆にも大学に電話してアポイントを取って面接にやって来るというのは、今でもあまりいないと思うし、そういうところを買っていただいたんだと思います。

こうして特別に「研究生」という身分で京都大学に入り、その約半年後に大学院の試験を受け、一九九二年の四月から正式に修士課程（建築計画学）に進みました。

関わってくれない日本人

私は当時、マリの言語、フランス語、英語、中国語を身につけていたわけですが、日本語の習得には本当に苦労しました。独学という意味では、日本語学校以外でどのような工夫を重ねるかが重要になることもわかっていました。しかし、日本文化の外で生まれ育った私のような人間にとっては、日本語そのものというより、日本人独特のコミュニケーションスタイルを理解することが難しかったし、悩まされることも多かったですね。

日本語学校時代には大阪の木造アパートに住んでいたのですが、「日本の生活って、寂しいものだ」と思わされたんです。当時はいわゆる「ぼっとんトイレ」があって、共同風呂はあるのですが毎日入れるわけでもなく、銭湯にも通うという感じのアパートです。そこで一番ショックだったのが、同じアパートに住む日本人学生と、まったくと言っていいほど交流できなかったことです。

中国では地元の中国人や、いろんな国からの留学生と仲良くなれたのに、日本の学生たちは皆、内輪でつるんで麻雀ばかりやっている。風呂ですれ違っても「うす」とか「はい」くらいしか言ってくれない。「食事に行こう」なんていう誘いはあるわけがない。向こうも、私に日本語が通じるかわからず遠ざけていただけなのかもしれませんが。とにかく、それで相当フラストレーションが溜まっていました。

私はマリではよく喧嘩《けんか》をしましたし、中国にいた頃も中国人と喧嘩をしていました。最初に留学した南京では、挨拶代わりに「メシ食ったか?」というフレーズがよく使われるんです。でも私は、この本来の意味を知らなかった。当時、私は今と違ってガリガリに痩せており、この言葉を中国人に言われて、「お前は満足に食べられないほど貧乏なのか?」

と皮肉られたと思ったんですね。それで喧嘩になってしまった。

しかし、喧嘩もコミュニケーションの一つでしょう？　日本にも「喧嘩するほど仲が良い」という言葉がある。でも、日本人は私と仲良くなるどころか、喧嘩もしてくれない。たとえ喧嘩を売っても、ほとんど買ってくれないんですよ。みんな私に興味がないのかな、と落胆したんですね。

日本語習得のコツは「身体化」

日本語は、曖昧な表現や省略が多い。だから、日本語学校で教えられた言葉は、街ではまず通じないんです。反対に、街で耳にする日本語は、学校で教わるものとはまったく違う言語体系にしか私には聞こえませんでした。

大阪にいた頃、よく阪急電車に乗っていたのですが、皆がしきりに「〇〇やんか、〇〇やんか」と言っている。この「やんか」とは何だと思って、日本語学校の先生に聞くと、「そんなこと気にするな」と言われてしまう。どんな言葉よりよく耳にするフレーズだし、どう考えても大事な要素のはずなのに、学校では教えてくれないんです。

ほかにも、私はアパートの自室で誰かからもらった小さなテレビをいつも点《つ》けていたのですが、吉本新喜劇をよく目にしました。出演者や観覧客が笑うタイミングが理解できないし、「この人たちは、何があっていちいち寝っ転がるんやろな？」と思ったりね。彼らは要するに「ズッコケて」いたわけですが、それを理解できない自分が悔しかった。

日本語にまつわる失敗も、たくさんしてきました。「ちょっと」という言葉を覚えたての頃、中国留学時代に知り合った日本人に「会いませんか？」と連絡すると、相手が「いや、今週はちょっと……」と言う。この「ちょっと」が、暗に断る言い回しだと理解するのにずいぶん時間がかかりました。京都大学の研究生時代にも、「いつでも家においで」と言われたので出かけてみると、「本当に来ちゃったの？」と困惑されたり……。私にしてみれば「じゃあ、心にもないことを言うなよ！」と言いたいのですが（笑）、そういうすれ違いや失敗は、しょっちゅうありました。

そんなこんなで、私は日本語を勉強するときに「翻訳して理解する」という努力をやめたんです。私が知っているマリの言語、フランス語、英語、中国語のどれと比べても、日本語独特の言い方・言い回しは、嵌《はま》らないんですよ。自分がもつ論理では捉えきれない。

だから頭で考えるのではなく、とにかく物真似をし、「身体化」することを心掛けるようにしました。

たとえば、電車で耳にする車掌のアナウンスを真似してみる。内容はわからなくても、音だけを真似るんです。もともと、マリの言語には文字がない。無文字文化なんですね。だから、私は言葉を音で覚えるのは得意だし、音を「絵」として見るような感覚もあるんですよ。

ほかにも、毎日出合った言葉を辞書で調べて、自分なりの用語集を作ったりもしていたし、当時のノートを見返してみると、特に一生懸命やっていたのが、「自分がやりたいことは何か」を、なるべくきちんとした日本語で書き留める訓練でした。たとえ拙《つたな》い日本語であっても、自分の思いを、手を使って書いてみるということですね。

こうして、日本語に関しては、頭で考えるより身体を駆使しながら、独学で身につけていくしかありませんでした。

日本の学校は「日本人製造機関」

マリの公教育の現場では、フランス式の考え方や制度が導入されていますが、家庭では完全にマリ式でした。

学校では専《もっぱ》らフランス的な思考様式で「言いたいことはきちんと主張しなさい」などと教育される。でも、自分の家に帰ると逆で、「言いたいことをすべて口にしてはダメ」という価値観の民族教育を受けるんですね。で、ほかの地域に出ると、そこ独特の教育もある。だからマリの学生は、二重、三重の人格をもつ必要があるんです。

マリでは、誰にでも教育を受ける権利が保障されていて、学費も小学校から大学まですべて無償です。だから「お金がないから学校に行けない」ということはない。ただし、小学生のうちから留年制度があって、成績が悪ければ落第してしまう。それが二回、三回と続くようなら、たとえ小学校でも退学させられるんです。だから「最終学歴は小学校一年生」という人も普通にいる。

また、これはフランスと同様ですが、小学校・中学校の卒業時には統一の国家試験があって、これに合格すれば進学できる。高校から大学に入るにはバカロレア（大学入学資格試験）を受けて、これに合格すれば進学できる。逆に言えば進学の条件は、各学校の規定のカリキュラムを終えているかどうかではなく、統一試験に合格すればいい。だから、私もカリキュラムを先取りして勉強していました。たとえば高二のときに高三の学習内容をほぼやり尽くしてしまって、学校の授業はその復習という感覚で聴いていたりね。

そういう事情があるので、日本人がほぼ常識のように思っている「おない」という感覚（「同級生だから同じ年齢」というような概念）は、マリにはまったくありません。高校の同級生でも三歳や五歳の差があって当たり前だし、年齢だけで先輩後輩を序列づけることも、ほとんどない。

マリでは（フランスでも）高校一年生でバカロレアを受けてもいいし、受かれば一五歳でも大学生になれる。私は、姪っ子を日本の大学に留学させましたが、来日したときはまだ一五、六歳でした。でも日本では、大学生として年齢が足りないだの何だのと言われて、なかなか理解してもらえないんですよね（笑）。

日本人が言う学力・学歴とは、結果ではなくて「ザ・日本人」を作るためのプロセスなんだと思います。最近は変わりつつあるようですが、教育の成果よりも「小中高の一二年間の教育をきちんと受けてきたか」というような、期間やプロセスが重視される体制が根強いままなんですよね。

教室は勉強をする場所ではない

私は、学長になる以前から「自由論」という科目を担当しています。京都精華大学には創立以来「自由自治」という理念があるのですが、今の学生は、自由というものを、まるであらかじめ与えられる前提条件のように思い込んでいる人が多い。でも、本当はそうではないですよね。自由とは自分で手に入れるべきものであり、人はその過程で、自分と社会、自分と他者との関わりを理解し、「自分は何者か」ということを把握していくものです。

「自由論」では、初回の「自由とは何か」から始まって、「環境と自由」「表現と自由」「宗教と自由」など、あらゆるテーマにまつわる課題を学生に与えて、さまざまな角度から考えてもらいます。

独学というのは、ある意味「自由」ですよね。テーマも時間も自分で決められるし、いつやめてもいいというところがある。

私は、いつも学生たちに「勉強は、教室ではできないよ」と言っています。教室は、情報伝達の場にすぎないし、知識を蓄える場所ではない。それどころか、先生たちが与える知識自体にも、あまり期待しないでほしい。先生たちは長年その分野を研究して、何かを究めた人ではあるけれども、やはり一側面でしか物事を語れません。それをどう受け止め、どう深めるかは、学ぶ人自身の問題なんです。学校で先生が与えているのは、あくまで一つの情報にすぎない。その情報を知識化することは「独学」の部分なんですね。

「知的な営み」というのは、自分が受け取った情報をいかに深め、掘り下げていくかが基本です。ところが多くの日本の学生は、この掘り下げるという行為に慣れていないように見えます。どちらかというと、教師たちに正解を教えてほしいと期待している節がある。

学校という場は、勉強しようとする人の姿勢次第で、単なる情報収集の場所にしかならないこともあるし、ちゃんと知識を深められる場所にもなる。いずれにせよ、自ら求めなければ知識にはならないものです。

私がいつも学生に言っていることは、自分で「問い」が立てられるか、ということです。

何でもかんでも、最後は必ず正解にたどり着くという考え方は間違っているし、やり直しや失敗は、勉強のための糧だと思わないといけない。そのうえで「問い」が立てられて、その原点に立ち戻れるかどうか。何事にも「なんでやねん！」と取り組める精神が大事だと思うんです。

独学は「自学」である

二〇二二年二月、京都精華大学では新しい校舎「明窓館」が竣工《しゅんこう》しました。新校舎は、教室の機能はもたず、すべて学生のための「コモンズ（公共空間）」という形で造られています。従来の「教室」は情報伝達の場所として割り切ってしまい、そうではない空間で、学生たちがいろんな人と出会えたらいいな、という意図を込めています。

大学がここに投資するという結論に至るまでには、めちゃくちゃ大変なこともありましたが（笑）、この計画を進めるにあたって、私には、大学のあり方は今後さらに変わるのではないか、むしろ変えていくべきなのではないかという思いがあったのです。

従来の日本の大学施設は、基本的に「教室」があって、学生がいて、先生がいて……という前提があるわけですよね。とにかく壁で区切って、その中に学生を嵌め込んで、先生が前に立っている。そこで知的な営みをやっているつもりではあるけれど、私は自分の専門分野としても「これは違うんちゃうかな?」という思いを、ずっともってきました。大学の施設が、機能性や合理性を追求するばかりでいいのか。もっと「学生が自分をどう活かすか」という観点から造られるべきではないのか。

私は今、大学をプレゼンテーションとコミュニケーションの場と捉えるべきだと考えています。これは今回の新しい施設における価値観でもありますが、自分を見せる場所と、コミュニケーションをコンセプトとした「場」をまず考える。明窓館には、テラスがあったりして、学生が人と出会えたり、自由にいろんなプレゼンテーションができたりする場所がある。で、ときには、このオープンスペースで寝転がって、授業をサボってもいいじゃないかと(笑)。私は、自由な時間や友人と遊ぶ時間も、学ぶことにとってのチャンスであり、必要なものだと思います。だから学生にも、あえて「ダラダラする時間」の必要性を説いているんです。そうやって予期せずに誰かと出会ったり、お互いに認め合うなかで、有益なディスカッションが生まれることを、この施設では期待しているんですね。

一方の学生は、自分で大学の中に居場所を開拓していくべきでしょう。大学の先生が、自分の代わりに自分を成長させてくれるわけではありませんからね。やはり自分自身の学ぶ姿勢のあり方が重要だと私は思います。

そういう意味で、私は「独りで学ぶ」という「独学」より、「自分で学ぶ」という「自学」を提唱したいですね。学校へ行けば、誰かが何かを教えてくれるという話ではない。自分で学んで自分で成長していかなければならない。

ギリシャの哲学者・ソクラテスが実践していたように、知を育てるうえで基本的な技法の一つが「ダイアローグ」です。つまり「対話」が生まれるところで人間関係が作られて、個人が成長していく。大学ができることの本質は、そのような「場」を提供するということです。

だから、独学を始めたいと思ったときに、「自分自身、何に興味があるか見失っている」「ちょっと気になることがあるけれど、どうアプローチすべきかわからない」という人たちには、やはり「問い」と向き合う姿勢を大事にしてほしいと思います。「気になるもの」は、絵でも言葉でも、社会そのものでも、あるいは自分自身でもいいんですよ。まず、何か「引っかかるもの」があってほしいな、と思う。それが「問い」であり、「なんでやねん！」なんです。

構成・文＝西谷博成

文筆業、英語講師

澤井康佑

大金不要、ネイティブ無用　独学最強の英語学習法

さわい　こうすけ　文筆業、英語講師。一九七二年、神奈川県生まれ。慶應義塾大学文学部卒業。これまで中学校、高校、予備校で英語を教える。著書に『よくわかる英語の基本』（開拓社）、『一生モノの英文法』（講談社現代新書）、『一生モノの英文法 COMPLETE』（ベレ出版）、『マンガでカンタン！ 中学英語は7日間でやり直せる。』（学研プラス）、『英文法再入門』（中公新書）などがある。

自動翻訳機の出現など、デジタル技術の進歩が著しい現在でさえ、日本人の英語熱は、高まることはあれ、冷めることはない。著書『英文法再入門』（中公新書）などで、日本人に最良の英語学習法を提示してきた著者が考える、最も効果的な英語独学法とは？

「身につけたい技術は何ですか？」「学生時代にもっと勉強しておけばよかったと思うことは何ですか？」。この種のアンケートで、上位の常連であり、しばしば一位に挙げられるのが「英語力」です。高い英語力の獲得は、大半の日本人にとっての悲願ともいうべきものでしょう。

ではこの願いを叶《かな》えるために、取るべき最良の方法は何でしょうか？　すぐに思いつくのが「英会話学校でネイティブスピーカーと交わる」「英語圏に留学をする」といったことかもしれません。ところがこれらの手段は、大きな成果の望める学習法からは遠いもの、もっといえば、対極にあるものといっても過言ではないのです。

ただし、本稿の「ネイティブ無用」とは、あくまでも「初級の段階では」「直接の交わりは」という留保つきです（ここでの初級とは英和辞典と和英辞典を用いながら一通り英文の読み書きができるレベルを指します）。中級以降になると、ネイティブと意思疎通できる量が増えて、そこから学べるものが多くなります。

世に数多く存在する能力や技、知識は、その習得法に関して、二つに分けられるように思われます。一つは「理屈を学ばずとも、また、努力の意識もないまま、見よう見真似でできるようになる」という性質のもの、もう一つは「理屈、理論を学び、主体的な努力を伴わないかぎりできるようにならない」というものです。

自転車に乗る技術などは前者の一例です。多少は転びながらも、乗りこなしている人の様子を見ながら真似をしていれば、ほぼ誰もが自転車に乗れるようになります。自転車での走行もれっきとした物理運動ですから、転倒せずに走るためには物理学上の法則に適《かな》った動作をしなければならないのですが、その法則を意識して学ぶ必要はありません。見よう見真似を繰り返す中で、「気がついたら法則に適った動きができている」という境地に至るのです。

後者の例としては、手品のマスターなどが挙げられます。手品には種も仕掛けもありますが、外側から見ているだけでは何がどうなっているのかサッパリわかりません。一人前の手品師になるためには、まずはその種を知り、仕掛けを学び、そのうえで、淀《よど》みない動きで技を披露できるまで、意識的な猛練習が必要となります。

必要となる発想の転換

では、言語の習得は前者、後者のいずれでしょうか。答えは〝場合分け〟とともに示さねばなりません。「母語の習得は前者、外国語の習得は後者」が正解なのです。

私たちは日本語に囲まれながら生まれ育つ中で、文法など意識することのないまま日本語を獲得しました。使いこなす際にも、日本語の文法を明確に意識することはほぼ皆無です。

ところが私たちが生み出す日本語は、見事に文法規則に則《のっと》ったものとなっています。誰も間違って「彼は私の叔父ます」などとは言いません。〝です・ます〟に関しては「名詞の後ろには〝です〟を用いる」「動詞の後ろなら〝ます〟」などのルールがあり、私たちは全員がこれを守っています。このルールを無視すると、通じなくなったり、ぎこちなくなったりします。アニメ『サザエさん』の「タラオ」の日本語がどこか不自然なのはこの「ルール無視」によります。〝ます〟を用いる際には、「動詞を連用形にする」という規則もあるのですが、彼は「今日はおそとで遊ぶです」などと言います。無論、私たちは間違えずに「遊びます」と言えます。

このように、意識していないものの、私たちは数々のルールに則って日本語を運用しています。まさに、無意識ながら正しい物理法則に従って自転車に乗っているような状態です。

私たちはなまじっか、一つの言語（日本語）での〝成功体験〟があるので、これに引きずられて、英語も同じように「英語のシャワーを浴びる」「よくわからないけど思い切って話してみる」「とりあえず多読してみる」といった方法で取り組んでしまいがちです。ところがこの種の学習法、具体的には、英会話学校での学習や、とりあえずの留学では、大きな成果は見込めません。挨拶や簡単な言い回し等は覚えられますが、複雑な文を理解し生み出すことはまず不可能なのです。一定の年齢に達してしまった私たちにとって、外国語は「何はともあれネイティブと交わる」といったアプローチでどうにかなるような代物ではないのです。

発想を根本から変える必要があります。外国語学習を、手品のマスターのような、理論・理屈を出発点にして、多くの訓練を重ねながら身につける技術だととらえます。この発想の転換により、一気に光が見えてきます。これより、英語のいわゆる四技能、つまり〝読む〟〝聴く〟〝書く〟〝話す〟の力をつける際に、ネイティブとの直接の交わりの必要性が極めて低いことを論証し、代わりにまずすべきことを突き止めます。

英語を〝読む〟ための理想の勉強法

まずは四技能のうち最も根底にある読解力からです。英文読解力を養成するためには「英文が与えられる→英和辞典で知らない単語の意味を調べつつ、英文の意味を考える→解答と解説を受ける」という訓練が必要です。ただ、この訓練の前提として、あるものを習得しなければなりません。その習得すべきものは高校の「古文」の授業を思い返すことで明らかになります。

「古文」で要求される力は、読んで理解する能力だけです。古文を聴く「古文リスニング」や、古文を書く「古作文」(!?)、また「古文スピーキング」などは課されません。読んで理解できればいいのです。よって古文の指導法を考察すれば、読解力の然《しか》るべき習得法が見えてきます。

英文同様、古文もまた、辞典で単語の意味を調べただけでは文は理解できません。文中の単語どうしの文法関係を摑《つか》む必要があります。つまり「この語が文の主語である」「この語はあの語を修飾する」といったことがわかってはじめて文が理解できます。文の理解とは、おおまかに「単語の意味がわかる＋文法関係がわかる」の二要素から成るのです。

文法関係を理解するためには、前提として文法の知識が必要です。だからこそ、私たちは古文の学習において、「四段活用」「上一段活用」といった活用の知識や、「未然形接続」「連体形接続」といった接続の知識など、多くの文法項目を理解し、文法用語を記憶します。そして、これを駆使しながら読解演習を重ねます。これ以外に古文読解の上達方法は皆無なので、どの学校、参考書でも、「活用」や「接続」が語られ、この知識をもとに、緻密に分析しながら古文を読み解く練習を重ねます。

さて、ここで仮に、世の古文教師たちが平安時代と往来できるタイムマシンを持っていたとしましょう。そして平安時代人（ここでは仮に〝平安ネイティブ〟と呼びます）を連れてくることができるとします。はたして教師は、平安ネイティブを授業に呼び寄せるでしょうか？

まず呼ぶことはないでしょう。平安ネイティブは、古文文法について自覚的な意識をもっていません。私たちが、無意識に文法規則に従って現代日本語を使いこなしているのと同様に、彼らも意識せずに『源氏物語』や『枕草子』の日本語を正しく操ります。万が一、古文文法の知識を意識的にもっている平安ネイティブがいたとしても、彼らは現代日本語が話せません。すると、彼らは古文で解説を施すでしょう。そもそも古文を理解できないからこそ学習をしているのに、古文で解説されるなど、ナンセンスギャグのような状況です。学習者は理解できません。古文読解の学習は、私たちと同じ時代の、同じ言語を使う人から習うしかないのです。

英文読解においても、前提として英文法の知識が必要になります。そして読解の授業では、単語どうしの文法関係を解説する必要があります。さらに、英文読解には和訳の作業も含まれる以上、「この英単語は、日本語ではこうなる」といった説明が必要になります。

具体例を見てみましょう。次の文の和訳を考えてみてください（大学入試センター試験〔本試験〕二〇〇五年第四問より）。

Many foreigners have the idea that Japan is too far away and too expensive, and its language and culture too hard to understand.

この文に対しては、次のような説明が必要になります。

① idea の後ろの that は、関係代名詞の that ではなく同格の that である。これを訳す際には、「という」「との」などの言葉を補う必要があることが多い。
② language の後の and の後ろは一見すると意味不明の構造だが、and, but, or などの後ろで引っかかった場合は省略を疑う。culture と too の間に are を補って読めばよい。
③ too hard to understand の部分は、いわゆる「too ～ to …構文」であり、「あ

まりにも～で…できない」と和訳する。

このような説明をしたうえで、次のような和訳を示さなくてはなりません。

［訳］多くの外国人が、日本はあまりにも遠くて、あまりにもお金がかかり、言葉と文化があまりにも難しく理解できないという考えをもっている。

はたしてネイティブに①～③のような説明ができるでしょうか？

不可能です。英文法の知識を自覚してもっていない以上、「関係代名詞の that」と「同格の that」の違いなどわからないでしょう。また、全箇所を当たり前のように読めてしまうネイティブには、and 以下が日本人には読み難いということも指摘できません。

また、日本語ができない以上、同格の that 節を和訳する際に「という」「との」などの言葉を補う必要が多いということ、また「too ～ to …構文」が「あまりにも～で…できない」という日本語訳になるということもわかりません。そして、当然のように［訳］のような日本語を示すこともできないでしょう。解説も全て英語になります。初級者が理解できるはずがありません。

このように、英文読解学習におけるネイティブスピーカーは、古文学習での平安ネイティブのような存在です。存在意義が見出せません。

英語を〝聴く〟ための理想の勉強法

リスニング学習は、読解学習のいわば「音版」です。「音を聴く↓何と言っているか考える↓答え合わせをする」というプロセスでの学びとなります。理解できない部分はストップをかけて繰り返し、聴き取れるまで、あるいは「もう無理。これ以上は何回聴いても同じだ」と思えるまで聴いたうえで解答のスクリプト（英文を記したもの）を見る、というプロセスが不可欠です。スクリプトを見て「なるほど！　この音はあの語か。こんな音になるんだ！」という体験を積み重ね、聴き取れる言葉を一つずつ増やしていくのです。

さて、右のような「徹底的に考えたうえでスクリプトを見る」というプロセスは、ネイティブとの学びではまず望めません。音声教材なら何十回でも再生して、何と言っているのかを考え抜くということができますが、生身の人間相手に、一〇回も二〇回も同じことを言ってもらうのは気が引けます。相手もうんざりします。さらに集団授業の場合、周囲への気遣いも必要になり、徹底的な反復はほぼ不可能です。

結局のところ、リスニング力を効率よく養成するためのパートナーは、ネイティブではなく、音声教材とスクリプトなのです。

〝書く〟〝話す〟ための理想の学習法

「英語が書ける」とは、いわゆる「英作文ができる」ということです。英作文の力とは与えられた日本語文を正しく英文に翻訳する力です。

英作文学習の基本の流れは、「日本語が与えられる→それを英語にするには、どの英単語を用いて、どの英文法規則に従って文を組み立てるべきかを考える（この段階では、必要に応じて和英辞典を用いる）→解答・解説を受ける」というものです。

ここで、英作文の解説の具体例を見てみましょう。まずは次の日本語文を見てください。

①昨日私たちが泳いだ湖は本当に美しかった。

②この小説を読み直してみると、最初に読んだときよりも面白いことがわかった。

これは『ステップアップ式　徹底攻略英作文　基本編』（成田あゆみ著、三省堂）に掲載されている課題文です。そしてこれに対して、次の英文と解説が記されています。

①The lake where we swam yesterday was really beautiful.

先行詞 lake を where が導く関係副詞節で修飾する。関係代名詞であれば in which we swam や（which, that）we swam in のように前置詞が必要となる。

②When I read the novel［story］again, I felt［found］that it was more interesting than (when I (had) read it) for the first time.

「〜ことがわかった」だから、文全体としては過去形。「最初に読んだとき」は読み直したときよりも前のことなので大過去で表すのが基本だが、ここでは修飾語句(again, for the first time)を使うことで時間の前後関係が明らかなので、過去形で表してもよい。

「先行詞」「関係副詞節」「関係代名詞」「大過去」などの文法用語を用いながらの解説になっています。ネイティブは文法を自覚しておらず、ましてや日本語での英文法用語など知らないので、このような説明ができません。

ただここで、「文法用語など使わずに説明すればいいではないか」という反論があるかもしれません。ところがその方針では、極めて効率の悪い教務になります。英作文の学習者が、前もって高い英文法力をつけておき、「この文法用語は、あのような内容を指す」と知っていれば、参考書の著者と読者が〝以心伝心〟となり、効率のよい英作文学習ができて、密度の濃い独学が可能になります。そもそも、用語を用意しておかないと学びの効率が上がらないのは、英作文に限ったことではありません。たとえば医学用語の存在しない医学、法律用語を欠いた法律学など、そもそも「学」ではないはずです。

そして、〝話す〟は〝書く〟のすぐ延長線上にあります。頭の中で英作文したものを口にすることが「英語を話す」ということです。よって英語を話せるようになるためには、少しでも多くの日本語文を英文にできる必要があります。また、淀みない会話のためには、和英辞典を見ずとも一瞬で英作文ができる能力が必要です。理想のスピーキング能力の養成法は、先述の英作文能力養成法とほぼ同じであり、ネイティブが活躍できる場面は極めて限られているのです。

「英文法学校」の不在を補うクオリティの高い参考書

以上から、四技能を高めるためには、ネイティブとの交わりはほぼ不要だということ、そして、まずは高い英文法力と語彙《ごい》力を身につける必要があるということになります。

文法と語彙のうち、まずは文法をどう学ぶかを追求します。実は、日本において一般の人が英文法を学ぼうとする際に、大きな問題点があります。それは社会人が英文法を学べる学校がほぼ見当たらないという点です。

学ぶ場がないのなら、社会人は英文法力を身につけられないのでしょうか？

答えは否です。英文法力獲得のための援軍がいるのです。それが「参考書」なのです。日本では「英文法学校」が発達していない代わりに、「英文法参考書」が充実しています。ここで一つ、その充実ぶりを示すエピソードをご紹介しましょう。

数年前、東京大学の元教授で、現在は慶應義塾大学で教鞭を執っておられる言語学者の方に、文法書の制作に関してご相談する機会がありました。お会いしてご意見をいただいたのですが、会合に先立ってその先生は、現在発売されている英文法の参考書をいろいろとチェックしてくださいました。ご本人は言語学の専門家として、学術の世界の最高峰にいらっしゃる方です。参考書などは〝非日常〟であり、じっくり見るのは初めてだったそうですが、ご感想の第一声は「どれもこれも本当によくできている」でした。

日本の文法書は、超一流の言語学者から見ても「本当によくできている」ものなのです。四技能を身につけるための前提として必要不可欠な英文法の力を、優れた参考書で学べる日本の英語学習者は、実に恵まれた状況にあるのです。しかも参考書での学習は大金もからず、場所と時も選ばず、独習が可能です。

とはいえ、参考書での独習は挫折しがちです。私の学生時代、当時、東大の理科Ⅰ類に在籍していた友人宅に遊びに行ったときのことです。本棚の参考書群を見て、彼に「お前なら、だいだいどんな本でも最後まで読めるんだろうな」と問うたところ、曰く「いや、最後まで読み切れたのは一〇冊に一冊くらいだったよ」。

天下の東大生でもこの状態ですから、一般の学習者が英文法のような規則の集合体、いわば「公式集」を読み切るのは困難です。

ところが最近は、独習をサポートするための工夫が盛られた参考書が見られるようになりました。それは「解説動画」が用意されている参考書です。動画があれば、単に文字で追うだけの苦しさから一気に解放されます。この学びは、次のような書籍で経験できます。

『中学英語をもう一度ひとつひとつわかりやすく。』（山田暢彦《のぶひこ》監修、学研プラス）
『総合英語 Evergreen』（墺《おう》タカユキ編著、川崎芳人《よしと》他著、いいずな書店）

劇的な独習効果を呼ぶ文法力獲得

文法書の内容をモノにすれば、四技能の本格的な学習に向けての前提が満たされます。読解の参考書の解説は、大半が文法構造の説明ですが、文法力があればこれが理解できるため、独りで読解力を養成していけます。またリスニング演習において、答え合わせの際にはスクリプトを見ることになりますが、読解力があればスクリプトも理解でき、リスニング演習が独りで大量にこなせます。

英作文の参考書の解説も、「どの文法規則を用いて文を組み立てるか」が主体であるため、文法知識が豊かであれば、英作文を独習することが可能になります。

また、スピーキング力養成のためには、英会話の模範例文集の例文暗記も有効ですが、例文の文法構造も理解できるようになるため、例文暗記もまた、納得しながら独りで進められます。

文法力と並んで、語彙力もまた英語力の基盤です。リスニングやスピーキングの際には、いちいち和英辞典、英和辞典を見ることはできません。豊富な語彙力は、淀みないコミュニケーションのための絶対条件ですが、語彙力の養成は、文法以上に独習向きです。これと決めた単語集、熟語集の見出し語と例文を、繰り返し音読・筆写して、徹底的に頭に叩き込むという作業こそが語彙力増強のための王道だからです。最近は掲載語彙や例文の音声が無料でダウンロードできるものが多くなっており、語彙についても、いっそう独習がしやすくなっています。

以上から明らかな通り、日本の英語学習者は、まず英文法力と語彙力を身につければ、綺羅星《きらぼし》の如き参考書で、日々、好きな時間に好きな場所で、ネイティブにも教員にも頼ることなく、独りで英語学習を進められるのです。

本気で英語を何とかしたいという方は、この絶好の環境にいる幸運に目を向けて、紹介した書籍を用いて英語独習に挑んでみてください。ご健闘を心よりお祈りいたします。

鎌田敬介

Armoris 取締役専務CTO

日本の「仕事人」をとりまく独学環境

かまた けいすけ Armoris（アルモリス）専務取締役CTO。一九七八年、北海道生まれ。千葉大学理学部 数学・情報数理学科卒業。国際会議での講演や運営に関与しながら、サイバーセキュリティの国際連携や関連組織の設立を支援している。

国内外でサイバーセキュリティ演習を指導する鎌田氏。サイバー攻撃者の手口は日進月歩で巧妙化しており、常に最新の情報を把握しておくことが必要だと話す。そのためにはコミュニケーションを含んだ「独学＝自己研鑽」が欠かせないが、「時間がない」「何から手を着ければよいかわからない」という声もよく耳にするという。好きなことを見つけ、体系的に学ぶことの重要性を教えてくれた。

サイバーセキュリティの演習や講演で受講者を見ていていつも思うのは、「仕事で必要だから」と強制されて学んでも効果は上がらないということです。好きなことを見つけ、それを学ぶことで「学びのプロセス」に慣れていくのが重要だと思うんです。「学ぶ時間がない」とおっしゃる方も多いです。通勤時間に記事を一本読むとか、お風呂に入りながらポッドキャストを聴くとかでもいい。「数秒前まで自分が知らなかったことを知る」という時間を作ること。

こういう話をするとよく、「好きなことが見つからない」と言われます。私の経験上、とにかくいろいろ触れてみないと本当に好きなことは見つかりません。「三つ試して、三つともつまらなかった」では不十分。スポーツなら野球もゴルフも水泳もバレーボールもボウリングもやってみる。そうすると、これなら自分にもできる、これは向いていない、これは楽しい、ということが見えてきます。

マルチタスクを身につける

大切なのは、実際に体験すること。サッカーがどんな競技か本で調べても、その面白さって五パーセントも理解できないと思うんです。「試しにみんなでやってみようぜ」という姿勢が大事。私は中学時代、球技はてんでダメだと悟って避けてきましたが、数年前に始めた自転車は仕事の基盤となる健康維持に役立っています。ロングライドのときは人に邪魔されることなく仕事のことを考えたりもできるんですよね。

現在進行形で行っている独学としては、企業や組織の運営全般に関する組織論を学んでいます。組織がサイバーセキュリティを効果的に実装できない背景にはどういった課題があるのか、組織運営による工夫でカバーできるのかといったことを学ぶべきだと思ったのです。何かを学ぼうとするときに、技術的な観点ばかりで捉えるのではなく、そのバックグラウンドや状況を捉えるのは非常に大事かと思います。

これは友人と話していて気づいたことですが、私がやっていることの中で特徴的といえるものの一つに、マルチタスクがあると思います。同時に複数の作業をこなすことで時間効率を上げるという意味合いですが、自分は高校生の頃から同時に複数の作業をやれるように自主トレしてきました。たとえばゲームをしながらマンガを読む、さらにテレビも見るとか、「〇〇しながら△△する」というところです。

スマホも両手に一台ずつ、二台を同時に使えるので、調べ物をしながらチャットをしたり、メールを読みながらSNSを見たり、といったこともしています。最近ではZoomのオンライン会議に複数同時に出るという人もいますよね。

組織の理想像

「世界最高のものを作るつもりでやれ」。これは私が二〇代の頃、上司に言われた言葉です。それくらいのプライドをもって仕事に取り組め、という意味に受け取りました。

私の場合、新しく取り組む分野に関して何かしらのアウトプットをするときは、その分野の基本となる書籍を二〇冊ほど買ってひと通り読み、自分が「これは良い内容だ」と思えた書籍を二、三冊選定して熟読します。

考えがある程度まとまったら、その分野に知見がある人たちと議論し、過不足がないか、別の視点がないかを探り、クオリティを上げていきます。自己完結型のブラッシュアップには限界があるのです。ベースにあるのは「人に提供するなら、できる限り良いアウトプットにしたい」という気持ちだと自己分析しますが、要は「こだわり」みたいなものかなと思います。

また、組織のトップは「個々が学ばない組織は時代に取り残される」と認識するべきです。彼らにとって、好きなことを見つけて、生き生きとしている人が増えるほどうれしいことはないでしょう。組織内を見渡したとき、部下が働き詰めになっていないか、好きなことを学ぶ余裕がありそうか、よく観察する必要があります。

「業務時間に本を読んだり、ウェブサイトを見て勉強するなんて、周りの目が怖くてできない」と言う人がいます。社員の意識を変えたいなら、トップはまず「業務時間を使って学んでもいい」というカルチャーを醸成することが理想です。

そして、みずからも学ばなければなりません。「うちの社長、五年前は最新情報を逐一社員にインプットしていたけれど、最近は二、三カ月前に流行ったことをさも新しい話のように話してくるんです」という話を耳にしたこともあります。社員に学びの重要性を語る前に、まずは自分自身が学び続けることが不可欠です。

英語との格闘

私は二〇〇七年から、海外でもセキュリティトレーニングの講師をしています。今や仕事のコミュニケーションの約四〇パーセントは英語です。

英語に対する課題意識は二〇代前半からありました。私は留学経験もなければ、英語に特化した教育を受けたわけでもありません。洋画を観るとか、ラジオを聴くとかいろいろ試してみましたが、あまり効率が良いとは思えませんでした。ところが、仕事でネイティヴの方と会話をすると、その何倍も身につく感覚があったのです。インプット型の学習よりも、英語を話すというアウトプット型の学習をしたほうが、スキル向上のスピードが速いのだと実感しました。

とはいえ、英語で話すといってもせいぜい一、二時間しか続かないし、いきなりネイティヴを相手にするのは難易度が高い。そこで、「英語でセキュリティトレーニングの講師をする」というプロジェクトを自分で立ち上げ、海外で一週間、朝九時〜夕方五時までぶっ続けで登壇しなければならない状況を作りました。日本語を使う機会は一切ありませんでした。

最初はたどたどしい英語でしたが、続けていくうちに、日本語で思いついたことを英語に脳内翻訳して話していたものが、自然とはじめから英語が出てくるようになりました。まずは必要最小限、言いたいことを英語で言えるようになったのです。この経験から、英語は毎日一五分続けるよりも、短期間で一気に集中したほうが身につくのではないかと思っています。

もう一つやってみて良かったのは、目に入ったものを、なんでもいいから英語に翻訳することです。地下鉄を見たら「Subway」と思い浮かべたり、道で猫が寝ていたら「A cat sleeping on the road…」と表現してみたり、頭の中でアウトプットの機会を増やす。これならお金もかからず、一人でいくらでもできます。

興味の整理術

「いろいろなことに興味がありすぎて困る」という方もいます。優先順位をつけないと情報の海に溺れてしまうので、私は「今これが知りたい」という気持ちを優先しています。近藤麻理恵さんの「こんまりメソッド」のようなもので、ときめいたものは残し、ときめかなかったものはサクッと捨てる。自分が、「これは」と思える情報を深掘りしていくのです。

ちなみに私はゲームが好きで、一〇代の全盛期には某アーケードゲームの全国一〇位以内にランクインしていたほど重度のゲーマーでした。ゲームの良いところは、「与えられたリソースの中でどれだけ工夫し、どれだけ目的を達成するか」といった経験ができること。たとえば、早めにこの武器を入手しておかないと次のステージのボスと効率良く戦えないとか、ゲームで培われたノウハウの恩恵を仕事で感じています。

今、人気の『Apex Legends（エーペックス　レジェンズ）』や『フォートナイト』といったネットワークゲームのように、チームでコミュニケーションをとりながらリアルタイムで戦略を立て……というゲームも、仕事をする上で重要なスキルが身につくと思います。というわけで、自分の子どもにも積極的にゲームを勧めています。ところが難しいことに、子どもって「やれ」と言うとやらなくなるんです。毎日一時間のゲームを義務化し、今日はどんなゲームをやって、どういう成果を上げたのか報告するように言うと、やらなくなる。ゲームをさせたくない親は、逆に子どもがうんざりするほど「やれ」と言ったほうがいいかもしれません（笑）。

「独学」といっても一人で学ぶには限界があります。なぜなら、自分の理解が正しいのかどうか検証できないから。人と関わりながら独学することが重要です。

かといって、リアルで会える人から聞ける内容は限られています。そこでインターネットの力を使うのです。今やTwitterやFacebookといったSNSを使えば、世界中の人とコミュニケーションがとれる。私が二〇代前半の頃はSNS黎明《れいめい》期だったこともあり、まだ使いきれていなかったので、チャットツールを使っておもに欧米、東南アジア諸国の人とコミュニケーションをとりながら自分の理解度や学びの方向性を確認するようにしていました。

「人が学んだことのエッセンスをいただく」というのも効果的です。何でもかんでも一から独学するなんて限界があります。学びたいことが一〇個あるなら、一〇人で手分けして共有すれば一人分の時間で一〇倍学べたりする。コミュニティを作って学び合い、切磋琢磨《せっさたくま》することで、全体のレベルアップが期待できるのです。

ここで重要なのは、コミュニティを引っ張るリーダーの存在。リーダーになってくれる人がいなければ自分がなるしかない。ゆくゆくはコミュニティの中でリーダーになれる人を育てていくことも、良質な学びを得る機会に繋がると思っています。

物事を体系的にとらえる

若い人のみならず、YouTube をはじめとした動画サイトで学ぶのが主流になってきています。気になったことをすぐに調べられる手軽さと、実際にやっている様子を見られるのは良いところですが、そうした動画は一つひとつが部品でしかない。一つのテーマを体系的に学ぼうとすると、動画を片っ端から見て、自分で部品を組み立てていく必要があります。

その点、書籍は体系的な学びに適しています。まずは書籍で全体像をとらえ、部分部分はYouTubeで知識を深めるというふうに使い分けることで、双方のメリットを享受できるのです。

子どもの頃、周囲の大人が「学校で学ぶ知識なんて社会に出たら使わない」と口々に言っていて、私もその通りだと思い込んでいました。でも学校は、知識よりも学び方を教えてくれているということに、後になって気づかされました。社会人になって何かを学ぼうとしたとき、一冊の教科書で物事を体系的に学んだ経験がないと、どう学んでいいのかすらわからない。

何もかもが予測不可能な今の時代、昨日までの常識が突然常識ではなくなる時代。乗り遅れたくないと思ったら、過去の知識より、「学びが楽しい」とか「学び方を知っている」ほうが重要なのです。

私は今、Armorisという会社で経営者やセキュリティ担当者向けのトレーニングを実施しています。自分が学ぶだけではなく、教える側に立とうと思った理由は、志ある人に学ぶきっかけを作りたいから。私がかつて一日かけて学んでいたことを、Armorisのアルバイトの高校生たちは一〇分ほどで吸収できてしまうのです。私が学ぶより、彼らが人に教えられるようになるまで育てるほうが、世の中のためになる。

私のトレーニングは、参加者が頭と手を動かし、議論できるように設計しています。一方的に説明を聴くだけでは定着率が悪い。説明を聴いて理解できる内容は二割、積極的に参加すると七割、人に教えることで九割になるというレポートを目にしたこともあります。講師の私が楽をすればするほど、参加者にとって良い学びになると考えています。

構成・文＝酒井真弓

志村真幸

比較文化史研究者

独習者、南方熊楠の驚異の記憶力

しむら まさき 比較文化史研究者、南方熊楠顕彰会理事、慶應義塾大学非常勤講師。一九七七年、神奈川県生まれ。京都大学大学院人間・環境学研究科博士後期課程単位取得退学。『南方熊楠のロンドン』（慶應義塾大学出版会）でサントリー学芸賞（社会・風俗部門）受賞。著書に『日本犬の誕生』（勉誠出版）、『熊楠と幽霊』（インターナショナル新書）、共著に『熊楠と猫』（共和国）、『絶滅したオオカミの物語』（三弥井書店）、共訳に『南方熊楠英文論考［ノーツ アンド クエリーズ］誌篇』（集英社）などがある。

大学などに属さずに研究をする、いわゆる「在野研究者」としてまっさきに挙げられるのが、和歌山が生んだ知の巨人、南方熊楠だ。
彼が残した膨大なメモや論考の解読から見えてきた博覧強記の独学術とは？

在野の巨人として知られる南方熊楠《みなかたくまぐす》（一八六七～一九四一年）は、自分の好きな学問に一生を捧げた。とりくんだ分野は、変形菌（粘菌）、キノコ、シダ植物、淡水藻、民俗学、説話研究、比較宗教学、心霊科学と幅広く、なおかついずれにおいても膨大な学識を誇った。あまりにもバラバラな領域で、勉強にもさぞ苦労したのではないかと思われるが、熊楠のとった方法論には共通するものがあった。熊楠にとって「学ぶ」とは、すなわち記憶することだったのである。

熊楠には、「抜書《ぬきがき》」と呼ばれる膨大なノート類がある。東京～アメリカ～イギリス時代の「課余《かよ》随筆」は一〇冊、イギリスでつくった「ロンドン抜書」は五二冊、帰国後の「田辺抜書」は六一冊にのぼる。書物や雑誌記事を筆写したもので、ほとんど一言一句欠かさず写しとっているのが特徴だ。『田辺通信』の「平家蟹の話」（一九一三年）で、「十五、六世紀までは西洋でも古書を読むを唯一の学問とし、書籍にないことは知るに足らずとした」と記しているとおり、熊楠は書物を厚く信頼していた。

一八九二年から暮らしたロンドンでは、大英博物館内にあった閲読室（現在の大英図書館）に通いつめ、開館から閉館までひたすら筆写に励んだ。たまに行かない日があると、「博物館やすむ」と日記にわざわざ記すほどの皆勤ぶりで、しかもそれを何年間も継続した。「ロンドン抜書」を見ると、ノートの空白を埋め尽くすようにびっしりと文字が詰めこまれ、熊楠の執念が伝わってくる。一説には、熊楠はもっとも文字を書いた人間ではないかとすらいわれる。

しかし、これが余人にまねができないかといえば、案外、そうでもなかったようだ。マルクスは同様に一八五〇年から三〇年以上も大英博物館閲読室に通ってノートをとり、それが『資本論』の材料となった。孫文も一八九六～九七年の約八カ月間の在英中に、七〇回近く閲読室を訪れ、政治・外交から農業・鉱業に至るまで書物を漁《あさ》り、ノートに写した。熊楠ともこの間に知り合い、「書写仲間」として厚い友情を築くことになる。

こうした有名人以外にも、閲読室には常連たちが無数にいた。一八八四年に出た『大英博物館――閲読室と図書室』というガイドブックによれば、閲読室内には全四一七席があり、女性専用席も設けられていた（男性用よりやや広いスペースがとられていた）。常連たちはいつも決まった席を使っており、受付で読みたい本を申しこむと、係員が閉架書庫内から席まで本を届けてくれた。ロンドンには独学者たちがあふれていたのだ。それぞれは孤独な作業でも、周囲にはたくさんの仲間がいたのであり、熊楠もさぞ居心地のよかったことだろう。

書き写して、覚えてしまうこと

しかし、熊楠の独学のすごさは、そのさきにある。

幼少時の熊楠が、近所の家で百科事典をまるまる覚えてしまい、帰宅してから正確に書き起こしたという「伝説」がある。熊楠の異様なまでの記憶力を示すエピソードとして有名だったが、一九九〇年代以降、実証的な熊楠研究が進むにつれて修正されることとなった。この百科事典とは、大坂の医師・寺島良安《りょうあん》の著した『和漢三才図会《わかんさんさいずえ》』（全一〇五巻八一冊、一七一二年頃）のことなのだが、実際には友人宅から借り出しており、しかも三分の一ほど書写したにすぎない（南方熊楠顕彰館、南方熊楠記念館に残る資料からの推定）。

近年はこうした「実証的」な研究が進み、熊楠の伝説が次々と否定されつつある。熊楠の記憶力も、伝えられてきたほどではないのだな、と筆者も寂しく感じていたのだが、最近になって驚きの新事実があきらかになってきた。

いま熊楠研究でもっともホットな話題となっているのが、「腹稿《ふくこう》」だ。熊楠が一般読者向けの文章を雑誌や新聞に書くときに、構想をメモしたもので、まずは断片的な言葉や書籍のタイトルを思いつくままに並べ、それから線でつないだり、番号を振ったりして、書く順番を決めていった。あまりに判読困難なため、「熊楠最後の謎」とすら言われてきたが、数年前から筆者も参加する「腹稿研究会」によって、急速に解読が進んでいる。そしてその解読を進めるなかで、信じられないような事実が浮かび上がってきた。

我々がまず手をつけたのは、熊楠の代表作『十二支考』の最初の「虎に関する史話と伝説、民俗」（一九一四年）の腹稿であった。このなかに、たとえば「学名　英十六裏11」というメモがある。「英」は「ロンドン抜書」のことをさし、「十六」は第一六冊、「裏11」はノートの裏側から一一ページ目を意味する（熊楠は一冊のノートを表からと裏からと同時並行的に書き進めた)。該当箇所を見ると、O・F・フォン・メレンドルフが北京近辺について記した「直隷《ちょくれい》地方の脊椎動物」(一八七七年)が書写されており、たしかに食肉目の動物の学名が列記されている。活字になった「虎に関する史話と伝説、民俗」と引き合わせてみると、「支那では『たぬき』の外に学名フェリス・ヴィヴェリナ、フェリス・マヌル等の野猫をも狸と呼ぶ」という箇所にあたることが確認できた。

これのどこがすごいかといえば、熊楠は「ロンドン抜書」の第何冊の何ページにどんな情報を書写したか、きちんと記憶していたということなのである。「ロンドン抜書」を読み返しながら腹稿をつくったのではないかと疑われるかもしれないが、総合的に判断して、腹稿の段階でページまでメモし、そのあとで蔵に収めてある「ロンドン抜書」を見に行ったようなのだ。しかも、このような例が無数に認められる。

ふつうの人間は、本のタイトルやおおまかな内容くらいはまだしも、何ページかまでは思い出せない。しかも、「ロンドン抜書」第一六冊を作成したのは一八九六年で、虎の腹稿がつくられたのは一九一三年。一七年もの年月が経っても、記憶できていたのである。みずからの手で書き写すことの効能を強く教えられる。

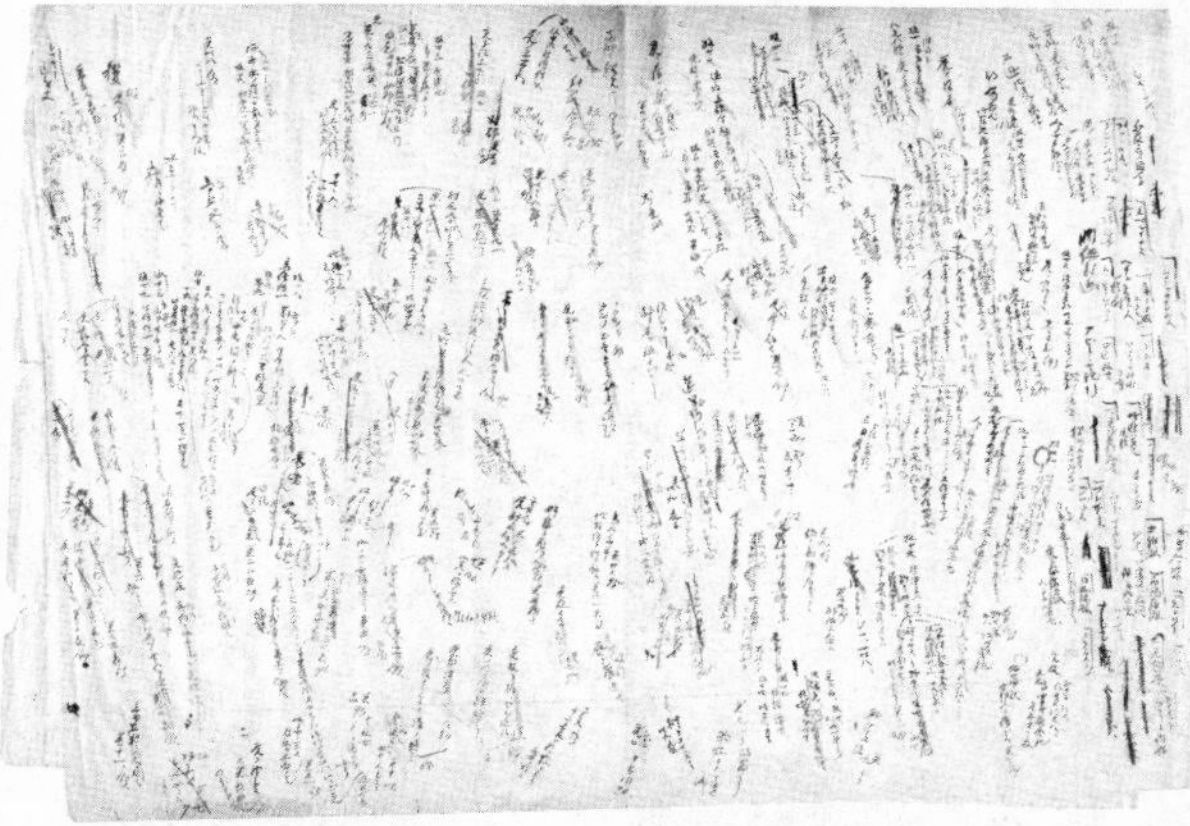

「虎に関する史話と伝説、民俗」の腹稿。南方熊楠顕彰館（田辺市）所蔵

「書いて覚える」のは受験勉強の鉄則とされ、効果があるのはまちがいない。自分ひとりでできるし、ノートとペン（帰国後は墨と筆）さえあればよく、図書館も無料で使える。シンプルかつ安上がりな方法なのである。ただし、熊楠のまねをして、ひたすら筆写をつづけたとして、同じように覚えられるとは保証できないが。

現在では、図書館で本を書き写しているひとを見かけることはない。コピーした方が効率的だ。いや、パシャリと写真に撮るのが一般的になりつつあるだろうか。しかし、それでは書物の中身を真にわがものとしたことにはならないのかもしれない。

キノコをスケッチする

自然科学の分野に目を転じると、熊楠が人生を通してもっとも情熱を傾け、多くの数を採取・記録したのは、キノコだったと思われる。変形菌（粘菌）の方が有名だが、変形菌は日本に三〇〇種ほどしかなく、すぐに採り尽くしてしまう。ところが、キノコは日本だけでも数千種あるとされ、「きりのない」研究分野なのだ。

熊楠は渡米後の一八八九年頃から本格的にキノコ研究にとりくむようになり、帰国後は那智《なち》や田辺でさかんに採取し、美しい図譜に仕上げて保存した。熊楠の「菌類図譜」は、彩色されたスケッチと、乾燥標本、胞子、英語での記載（採取地、色、形状などの記録）を一葉にまとめたもので、約五二五〇点が現存し、現在は国立科学博物館に移管されている。

しかし、熊楠が菌類研究の本格的な訓練を受けたことはなかった。キノコの採集・観察・スケッチなど、だれにでもできることで、特別な勉強など必要ないと思われるかもしれない。しかし、図鑑に載せられるようなレベルで描き、特徴を英語で表現し、学名を同定していくのは容易ではない。

スケッチに関していえば、色合いや形状を正確かつ分かりやすく伝える必要がある。絵心などはかえって邪魔になる。生物系にかぎらず、地質学（結晶や層理の形状）や考古学（出土した石器や骨）など、スケッチ能力の必要な分野は少なからずあり、たいていは大学や現場で描き方を叩きこまれる（筆者も博物館学実習の授業で土器の描き方を教えている）。

しかし、熊楠の場合はアメリカで農学校に所属したことがあるとはいえ、ほとんど授業には出ていない。おそらく、購入したキノコの図鑑をまねすることで上達していったと考えられる。そのため、現在の専門のキノコ研究者からすると、まだまだ絵心がありすぎるとも聞く。

キノコを見分けること

キノコの種類の同定は、たいへん難しい。たとえば、ツキヨタケという毒キノコは毎年のように食中毒が報道される。美味なヒラタケと誤認されるためだ。ほかにも、イッポンシメジをウラベニホテイシメジとまちがえてお腹を壊したりするひとも多い。しかも、けって素人ばかりが中毒になっているわけではない。それだけ、キノコを見分けるのは困難なのだ。

熊楠は研究をつづけるなかで、当然ながら種の同定の問題につきあたる。弟子にあたる樫山嘉一《かしやまかいち》、平田寿男《としお》らからも、キノコの標本が送られ、同定を依頼された。しかし、当時の日本では本格的なカラーのキノコ図鑑はまだ出版されていない。イギリス、アメリカ、イタリアなどの図鑑はとりよせていたが、日本のキノコとは種類が異なる。それもあってか、熊楠の菌類図譜には、学名は書かれているものの、和名はほとんど記されていない。そもそも、日本のキノコのほとんどに名前が付けられていなかった時代だ。そのため、熊楠はキノコの同定においても、独自の方法を編み出さなければならなかった。

キノコは、よほど特殊な方法に頼らないかぎり、そのままの形状や色合いを保存することはできない。たちまち傷んでしまう。写真はあったものの、日本でのカラーフィルムの発売は一九四一年と、熊楠の没年のことであった。そのため、精細なスケッチを作成する必要があったのだと考えられる。図譜にすれば記録として残るし、「手で描くこと」を通して記憶にも留められる。何年か経って似たようなキノコが採れたら、記憶をたよりに該当する図譜を探し出し、照合すればいい。実際、熊楠の図譜には、二度目、三度目の発見に関する記述がしばしば見られる。熊楠が大量のキノコ図譜を作成した理由は、まさに「記録して覚える」ことにあったのだ。

キノコの研究は、家や図書館に閉じこもっていては進まず、フィールドに出て、探さな

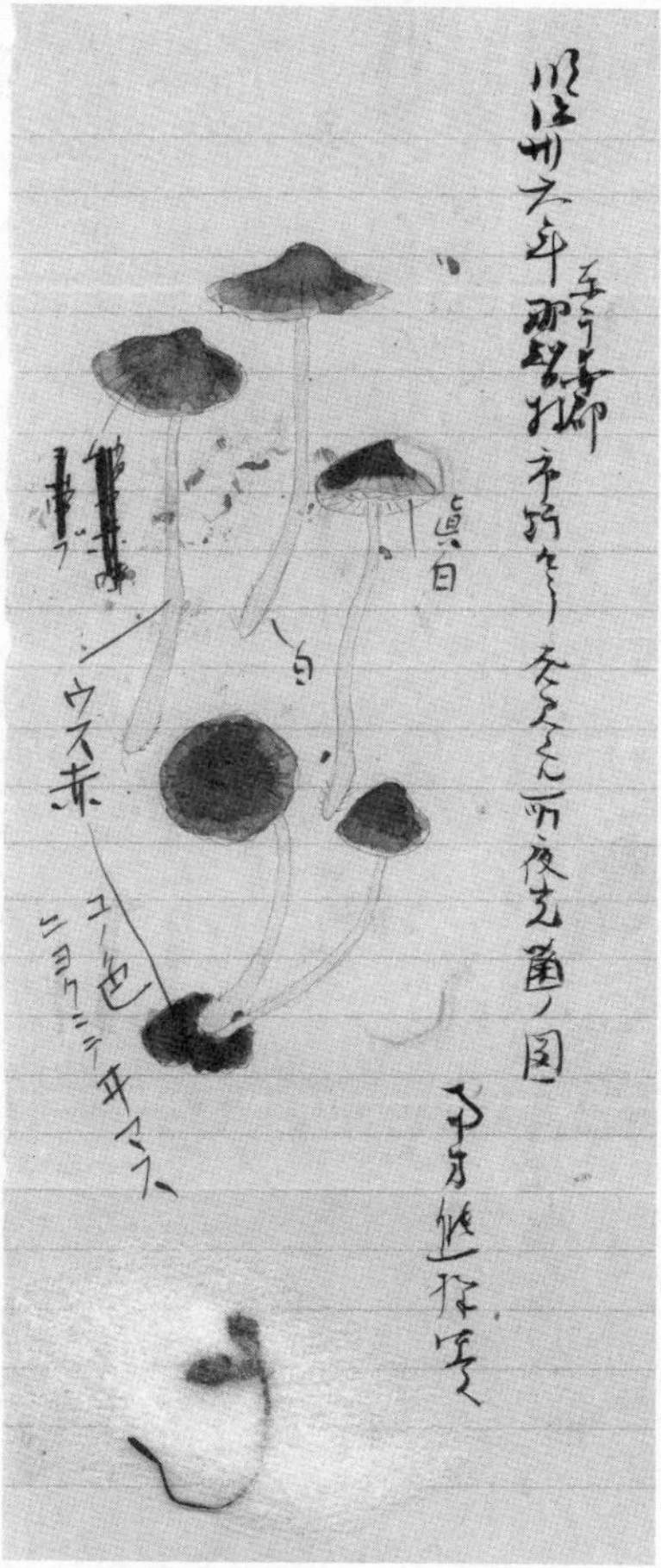

熊楠が那智で発見した、夜に光るキノコのスケッチ。シイノトモシビタケか。南方熊楠顕彰館（田辺市）所蔵

ければならない。「ロンドン抜書」を作成したのとは、正反対の作業に見える。しかし、方法論は共通していた。手を使って描くことで記憶し、あとになって必要になったら記憶を手がかりにとりだし、照合する。熊楠の目には本の並ぶ書棚も、キノコの生えるフィールドも、同じようなものに映っていたのかもしれない。

夢を書き起こす

熊楠の一生を通しての研究対象としてもうひとつあげられるのが、夢だ。熊楠は奇妙な夢をしばしば見た。たとえば一八九三年一〇月一七日には、「波木井《はきい》九十郎、川崎虎之助二氏と、船で高野のあたりを下っていた。川上に鼈《スッポン》が二匹浮かんだ。（中略）川崎が言うには、高野には徳川将軍の時代に放した豚がいる。今回は見えないが、夏休み中に見せるから見てほしい（中略）船が片方に傾き、ものがみな転がった。ものは書物であった。それを三人で足でおさえ、また肱《ひじ》の下で押さえるようにして、船は進んでいった」（現代語訳）という夢が記録されている。ほかにも、就寝中に首が細く伸びて屋外へ遊びに出るという、夢とも現《うつつ》ともつかない「幽体離脱」を体験したこともあった。このような不思議な夢をくりかえし見たことで、熊楠は夢の研究を志す。

一九世紀末、夢はようやく科学的な研究の対象となりはじめていた。フロイトの『夢判断』が出版されたのは一九〇〇年のことで、民族学や脳科学などの分野でも対象とされつつあった。しかし、もちろんまだ研究方法など確立されていない。熊楠は比較民族学や心霊科学を学んで、みずからの夢の分析を進めようと試みる。しかし、何よりまず最初にしなければならないことがあった。すなわち、見た夢を正確に思い出し、記録することである。それができなければ、そもそも話にならない。

最初は熊楠も苦労したようだが、やがて独自の方法を開発していく。友人であり師でもあった僧侶の土宜《どぎ》法龍《ほうりゅう》に宛てた書簡では、「夢から覚めるときに身体を少しでも動かすと、たちまち忘れてしまうものです。（中略）夢から覚めてすぐにとび起きてそれをメモするよりは、じっと夢を見たときの位置にそのまま寝転がって目を閉じていれば、いま見た夢の次第を記憶し、思い出しうることを発見したのです。（中略）長年のあいだ、このようにして多くの夢を記録してきました」（現代語訳）と語っている。こういった方法を開発していたからこそ、前述の川下りの夢などもディテールまで再現できたのであった。

ここでも熊楠の方法は記憶と関わっている。すなわち熊楠にとって学問とは、つねに記憶することであった。自分のもっとも優れた能力を学問に活かしたという点で、これほど徹底した人物はほかにいないのではないだろうか。

しかし、独学とは文字どおり、本人のみの学問として終わってしまう危険がある。熊楠が自身の脳に貯めこんだ記憶・情報も、一九四一年の彼の死とともに永久に失われてしまった。

とはいえ、抜書や日記や書簡を通して、少しずつ迫っていくことはできる。いまわたしたち熊楠研究者がとりくんでいるのは、まさに熊楠の記憶を再現する作業にほかならないのである。

青い日記帳

美術ブロガー

独学だからこそ身につく　いちばんやさしい美術鑑賞術

あおいにっきちょう　美術ブロガー。一九六八年生まれ。九〇年、國學院大學卒業。Tak《たけ》の愛称で二〇〇二年より、ブログ「青い日記帳」を主宰。展覧会レビューや書評をはじめ、幅広いアート情報を毎日発信している。著書に『失われたアートの謎を解く』『いちばんやさしい美術鑑賞』（共にちくま新書）、『カフェのある美術館』（世界文化社）など。

アートは教養か、楽しみか？
絵を観ることが好きで、休みの日に美術館・博物館へ通っていた普通の〝勤め人〟が、二〇〇二年から一九年間、毎日休まず美術ブログを更新することで見えてきたこととは？「独学」だからこそ身につけられた美術の鑑賞術と、これから「独学」で美術を楽しみたいと思っている同好の士へのいちばんやさしい絵画鑑賞のヒント。

一般的に美術鑑賞は、同じエンタメでもコンサートや映画などと比べると、崇高な趣味のように思われがちです。実際に美術館や博物館での展覧会に敷居の高さを感じている人が多いのは事実です。それは美術鑑賞に対する誤った先入観があるからに他なりません。

例えば、「絵に詳しくないので展覧会に行ってもきっと楽しめない」「展示されている作品の意味がわからない」「友達と出かけてもひとり黙々と観ないといけない」などなど美術鑑賞に関する思い違いは山ほどあります。

そうした誤解を解きながら、これから豊かで奥深い一生の趣味となる美術鑑賞について自分の経験を交えてお話ししていきたいと思います。

「三点（ポイント）鑑賞法」とは

これから美術館に行ってみようと思っている方に、僭越《せんえつ》ながらいくつか自分が独学で身につけた、いちばんやさしい絵画鑑賞のヒントを述べてまいりたいと思います。

さっそくですが、一枚の絵の前で一〇分間立っていられるでしょうか。一生懸命頑張っても、絵と向かい合っていられるのはせいぜい二、三分で、興味が湧かなければ数十秒で飽きてしまうはずです。

そんな時に実践してほしいのが「三点（ポイント）鑑賞法」です。難しいことではなく、目の前にある一枚の絵の中で、自分が気になるポイントを三カ所見つけるだけです。

誰しもが知る葛飾北斎《かつしかほくさい》「富嶽《ふがく》三十六景　神奈川沖浪裏《かながわおきなみうら》」を例にして観てみましょう。

まず画面の大半を占める大きな「波の表現」に目がいきます。そそり立つ大きな壁のような大波に圧倒されつつ細部を観ていくと、アメーバのような波頭《なみがしら》など、独特な表現に目が奪われます。次に遠く画面奥に描かれた「富士山のどっしりとした姿」が見えてきます。中腹まで冠雪していることから季節は冬であることがうかがえます。そして三点目に、荒れ狂う冬の海で「必死で舟を漕《こ》ぐ人々の姿」が小さく描かれていることに気がつくでしょ

葛飾北斎「富嶽三十六景　神奈川沖浪裏」
天保2〜5（1831〜34）年頃 山口県立萩美術館・浦上記念館蔵
（25.4×37.3㎝）

う（画面の中に人物が何人いるか数えてみるのも面白いです）。

一、二点目の雄大な自然の象徴である大波と不動の富士山とは対照的に、非力ながらも自然に抗《あらが》って生きんとする人間の姿は、社会の大波に翻弄されつつも日々の暮らしを営む自分の姿と重ね合わせることもできるでしょう。

今あげた例は、「富嶽三十六景 神奈川沖浪裏」に描かれた「モノ」についての三点鑑賞法です。他にも色や形で気になる点を三カ所見つけてみるのもお勧めです。

こうして観ていれば一〇分どころか何十分でも一枚の絵の前にいられるはずです。

北斎はあまりにもメジャーですが、この方法は、名前も知らない画家の初めて目にする作品や、何が描いてあるのか理解不能な現代アート作品にも応用が可能です。

この鑑賞法を続けていくうちに「遠近法」や「配色」、それに「時代背景」「アトリビュート」（西洋絵画における約束事）といった知識も自然と身についていきます。次に展覧会に行かれたらさっそくこの「三点（ポイント）鑑賞法」にチャレンジしてみてください。

同じ色を作品の中で探してみる

もっと簡単な鑑賞法もあります。それは目の前にある絵画の中で使われている「色」に注目して追っていく方法です。

一七世紀にオランダで活躍し、日本でもとても人気のあるヨハネス・フェルメールの代表作「牛乳を注ぐ女」（アムステルダム国立美術館蔵）を例にとってみます。

まず作品を観て真っ先に目に飛び込んでくる色は女性の上着の黄色と腰巻の青色です。この二色により画面全体にバランスがもたらされ、安定した静謐《せいひつ》感のある作品となっています。ちなみに青色には大変高価な半貴石であるラピスラズリがふんだんに用いられてお

ヨハネス・フェルメール「牛乳を注ぐ女」
1657～58年頃　アムステルダム国立美術館蔵
（45.5×41㎝）　Photo: Bridgeman Images / DNPartcom

り、描かれた当時と変わらぬ輝きを放っています。

　さてこの黄色と青色の組み合わせですが、たまたまそうしたのではなく、画家は意図的にこの二色を用いました。中学校の美術の教科書に載っていた色相《しきそう》環《かん》（カラーホイール）を思い出してみましょう。黄色と青色は色相環の反対側に位置する、いわゆる「補色《ほしょく》」の関係にあたります。これは最も明度差が大きく、画面に安定性をもたらし、観る者に鮮明な印象を与える組み合わせなのです。

　試しにアプリなどで黄色の部分を緑色へ、または青色の部分を橙《だいだい》色に変えてみてみると、途端に強烈な違和感とともにまったく別の作品となってしまいます。

このように絵画における色のもたらす要素は非常に大きなウエイトを占めているのです。もっと初歩的な楽しみ方として同じ色を作品の中で探してみることも絵画鑑賞術をアップさせる大事なポイントです。「牛乳を注ぐ女」では女性の服の他にも青色はテーブルクロスや陶器などあちこちで使われていますが、背後の床付近の小さなデルフト焼きのタイルなど見逃してしまいそうなところも、色を追っていくことでその存在に気がつきます。

この、色を意識する鑑賞法は日常生活でも応用が利きます。

毎日こうして注意を少しだけ払いながら色を見て生活していると、絵画鑑賞の際、細部の細部まで色を追っていくことがごく自然にできるようになり、例えばゴッホの「ひまわり」（ロンドン・ナショナル・ギャラリー蔵）に青色が使われていることに気づけたりするのです。

新しいことを始める時はまず独りでトライしてみる

今でこそ、毎週どこかの美術館・博物館へ出向き、年間数百もの展覧会を漁《あさ》るように観ていますが、大学に入るまではテニスやゲームに明け暮れ、アートとはまったく無縁の学生生活を送っていました。そんな自分が、展覧会に自主的に絵を観にいくようになったのは、大学時代の教授の何気ない次のような言葉がきっかけでした。

「皆さんが東京の大学に通ういちばんのメリットは、多くの芸術文化と触れ合える機会が格段に増えることです。東京では、日本のみならず世界のあらゆる芸術に三六五日いつでも触れることができます。四年間でそれを享受しない手はありません」

少々オーバーかもしれませんが雷に打たれたような衝撃を受け、その後の毎日の生活パターンが大きく変わりました。教授の言う東京に溢《あふ》れる芸術文化に触れてみようと、独りで通学途中にあった国立西洋美術館へ向かったのです。

何か新しいことを始める時、まず独りでトライしてみるのは大切です。クラシックのコンサートや歌舞伎、それにオペラ等の中から美術（展覧会）を選んだのは、予約不要で好きな時にふらりと出かけられる気軽さからでした。現在は新型コロナウイルス感染予防の観点から大きな展覧会は事前予約が必要となりましたが、それでもまだまだ展覧会自体、時間の縛りは他と比べると緩いものがあります。

時間的制約がないことに加え、展覧会が最もお金がかからないエンタメであったことも理由の一つで、当時学割を使えば数百円で観られました。

アートを鑑賞する上で大切な二つのインプット

時間が空けば展覧会へ足を運ぶようになると、絵画や彫刻そしてそれを制作した作家について詳しく知りたくなり、美術書の類《たぐい》を読み漁って知識を増やしていきました。ネットが普及した現在でも、体系的な知識や情報を得るには本が唯一の窓口です。この点も独りで学ぶことに適していると思います。

美術館で絵を観て感動したり、疑問を持ったら、先達《せんだつ》たちが書き残した書物に当たる。このシンプルながら最も効果的な学びをひたすら繰り返し、積み重ねてきました。それは今になっても基本的に変わりありません。

つまり、アートを鑑賞する上では、二つのインプットが大切と言えます。一つは実物をなるべく多く観ること。もう一つは活字を通して知識や情報を得ることの二点です。

前者はなるべく偏りなく、どんなジャンルの作品であっても積極的に観ることが大切です。古代エジプトのミイラから、ルネサンス期の絵画に浮世絵、そして現代アートや漫画に至るまで、好き嫌いせずに時間の許す限り実物に触れる機会を多く持ちましょう。

アートとは無縁だった自分も、はじめは何が良いのか、どんなジャンルが好きなのかも定まらず、ただひたすら美術館やギャラリーをはしごしたものです。

どんなジャンルの芸術作品であっても独立して存在するものは一つもなく、全て密接に他の作品と繋がっています。まずは分野を横断し、とにかく作品を観るという視覚経験が、後々アート鑑賞の大事な屋台骨となります。

例えば「ジャポニスム」という言葉を耳にしたことはあるでしょうか。一九世紀後半に主にヨーロッパで興《おこ》った日本美術ブームのことを指します。印象派のモネや誰しもが知るゴッホといった画家たちが、江戸時代に北斎や広重《ひろしげ》が描いた浮世絵に大きな影響を受け作品を描いたのです。

印象派やゴッホは日本で常に展覧会が開催されるほど高い人気を誇りますが、その絵をもう一歩深く理解し味わうためには、浮世絵をはじめとする日本美術を観ておくことが必要なのです。さらに追求すれば、日本美術の基となった中国絵画へも目を向けるようになり、視野がまた広がり、そして美の好奇心を刺激するのです。まずはジャンルを問わず、多くの作品を目にして自分の中に「美のストック」を蓄え、積み上げていきましょう。

二つ目のインプットである活字を通しての知識・情報の獲得も、アート鑑賞になくてはならないことです。

たまに「アートは頭で考えるのではなく、自分の感性の赴《おもむ》くままに楽しめばいい」といった類の発言を耳にしますが、それはまったくのでたらめで、非常に無責任な言葉だと思います。人の感性ほど曖昧なものはなく、一過性の儚《はかな》いものに過ぎません。味覚や聴覚に比べ、視覚体験であるアート鑑賞においては、感性だけに頼らず、ある程度の知識を持っていることが作品と向き合う上で肝要です。知識が邪魔をして頭でっかちになるより、真《ま》っ新《さら》な状態の目で観たほうが作品の良さがわかると思いがちですが、知識がいくらあっても絵を味わう体験が阻害されることはまったくありません。

以前、美術史家の宮下規久朗《みやしたきくろう》先生にお話を伺った際にこんなことを言われました。

「自分のちっぽけな感性だけに頼って観るほうが危険です。美術館や古社寺でなるべく多くの作品を観て、そして同時に知識もどんどん蓄える。そうすれば、作品を観る目がもっと深くなり、楽しくなるはずです」

幸いなことに読書は誰にも憚《はばか》ることなく自分のペースで進められる素晴らしい趣味です。展覧会で気になった画家を見つけたら、その画家に関する本を探して読んでみましょう。国公立の大きな美術館にはライブラリーを併設しているところも多くあります。

「教養としてのアート」が注目される理由

さてこうして視覚経験と文字情報の二つのインプットを続けていると、次第に自分の好みの作品や画家が現れてきます。それが端緒《たんしょ》となり、アート鑑賞がより広がりを見せることになります。

自分ははじめ、ベタですがモネやシスレーなどの印象派の画家たちが描いた風景画に惹《ひ》かれました。展覧会だけでは飽き足らず、長期休みになると印象派の絵を観るために、所蔵している日本国内の美術館へ出かけていきました。すると次は彼らが活躍した現地で観たいという衝動に駆られ、パリをはじめとした海外へも渡航するようになりました。

オランジュリー美術館の壁面を飾るモネの「睡蓮《すいれん》」や、その外観をモチーフにして連作を描いたルーアン大聖堂など、現地へ行かないと観られない作品や風景も多く存在します。文化には言葉や食べ物、習慣も含まれます。それらを肌で感じつつ絵画に触れる。そう、アート鑑賞は旅とも密接に関わりがあるのです。

アートを趣味にするようになってから旅に出る回数も格段に増えたのは事実であり、現存する三五点のフェルメール作品全てを観るために欧米を渡り歩きました。

お気づきになられたかもしれませんが、絵画鑑賞を通し、多くの本を読み、旅に出かけるようになると、その土地の文化や歴史にも精通するようになります。近年「教養としてのアート」が注目されているのは、何もビジネスに役立つだけではなく、大人として知っておきたい思想や歴史、社会、そして日本人が不得手《ふえて》とする宗教について自然と学べる「入り口」として、絵画がいちばん好都合だからだと思います。

紹介した鑑賞術は誰かと話し合いながらする必要もなく自分独りでできるものです。そして絵画から学んだ主題や歴史、時代性などを今の自分の生活にフィードバックすることで、少々大げさかもしれませんが、生き方自体が変わっていくはずです。

絵画鑑賞は他のエンタメと比べ時間の制約を受けませんし、最も肝要なのは能動的であることで、これは特筆すべき点です。自らの足で展示室内を歩き、好きな作品はたっぷりと、そうでない作品はさらっと自分のペースで観られます。誰の指示も受けず自分の好きなように思う存分楽しめる絵画鑑賞は、まさに独学にうってつけの趣味なのです。

インプットを軸に絵画鑑賞術を紹介してきましたが、メモ書き程度で構わないので何かしら感想などを記録に残しておきましょう。自分が二〇年近く毎日ブログを書いているのはそんな理由からです。どのような形であれアウトプットとして「美のストック」を蓄えておくことで、次の鑑賞体験がより豊かなものになるのです。

最後に、自分がこれは！　と思った作品に対して行っているアウトプットの方法をお伝えしますので、参考にしてください（119ページ）。

敷居が高いと敬遠されてしまいがちな美術鑑賞も決して難しいものではなく、とてもやさしく、そして普段の生活にまでプラスに作用する「独り」でできる最もお手軽でお得な趣味なのです。

まずは手始めに近くの美術館に出かけてみましょう！

多くの人を魅了し、日本人の心に刺さるそのわけは!?

モノクローム（水墨画）なのに人気絶大！ 「近代水墨画の傑作」	いつ、どんな心境で、何のために描いたのか。	本画なのか下図（草稿）なのか。
墨一色の画面なのに、現実よりもリアルに感じてしまうのはなぜ？		山も描かれている。（海から陸を見た？）
どこの風景？（能登の松林） 原風景としての「松林図」	同じ等伯が松を描いた「松に秋草図」（国宝、京都・智積院蔵）との比較。差異。	季節はいつ？ 時間帯は？

ノートに3×3、合計9個のマスを書き、作品を囲む8つのマスにその絵から感じた自分の感想をランダムに記していきます。気になった箇所や疑問に思った点でも何でも構わないので、とにかく8つのスペースに書き込んでいきましょう。

長谷川等伯「松林図屏風」（国宝）安土桃山時代（16世紀）東京国立博物館蔵（6曲1双のうち右隻　各156.8×356.0㎝）出典：ColBase

永江　朗

フリーライター

独学本のススメ

ながえ　あきら　フリーライター。一九五八年、北海道生まれ。法政大学文学部哲学科卒業。洋書店に勤務した後、雑誌『宝島』や『別冊宝島』などの編集を経てフリーライターに。編著に『文豪と感染症』（朝日新聞出版）、著書に『四苦八苦の哲学』（晶文社）、『私は本屋が好きでした』（太郎次郎社エディタス）、『小さな出版社のつづけ方』（猿江商會）など。

書名に「独学」「独習」がついた本を書店で見かけることが増えてきた。人は「独学本」に何を期待し、何を求めるのか。そして「独学本」は何を教えてくれるのか。巷《ちまた》で話題の独学本八冊を挙げながら、「学び」について考える。

独学がブームだ。なぜだろう。コロナ禍で外出を避けるようになったことが関係あるのか。長期不況とロシアによるウクライナへの軍事侵略など先行きの不安定さから「勉強してスキルを磨かなきゃ」と思う人が増えたからか。逆に、天下泰平で「暇だから勉強でもするか」という人が多いのか。インターネットのおかげで独学・独習しやすくなったということもあるだろう。自宅で気軽に安く学べる時代になった。

独学関係の本をいろいろ見ていて、「コスパ」を謳《うた》うものがけっこうあるのに気づいた。たとえば英会話を身につけようとするなら、英語圏の国に住むのがいちばんだろうし、それができなきゃ英会話スクールに通うのがいいのだろうけど、やっぱりそれなりの時間とお金が必要で、それが本一冊で済むならという感覚はあると思う。景気は悪いし、コロナ禍で先行きの不透明感はいっそう増している。

独学本ブームの象徴的存在といえるのが『**独学大全**』（ダイヤモンド社）だ。書店の新刊平台にレンガのような分厚い本がどーんと積まれているのを見ただけで「独学のすべてが書かれているぜ」と感じる。

著者もまた象徴的だ。読書猿はブログ「読書猿 Classic:between/beyond readers」で知られる作家で、顔も本名も非公表。他の著書に『アイデア大全』『問題解決大全』（ともにフォレスト出版）がある。ネットがなければ、こういう人が本の書き手としてあらわれることはなかったかもしれない。

著名な学者、知識人が独学について教示するのではなく、匿名的な著者、あるいはアカデミズムとは距離を置く人、あるいはその専門ではない人によって書かれたものが多いのも、いまどきの独学本ブームの特徴といえるだろう。その点では、たとえば梅棹忠夫《うめさおただお》の『知的生産の技術』（岩波新書）や加藤秀俊《かとうひでとし》の『整理学』『取材学』（ともに中公新書）など、独学本というか、独学のための技術書の古典とは少し違う。

個々の本はあとでまた取り上げるが、『**英語独習法**』（岩波新書）の今井むつみは認知科学・言語心理学・発達心理学の専門家で、**『「超」英語独学法』**（NHK出版新書）の野口悠紀雄《ゆきお》と**『東大教授が教える独学勉強法』**（草思社文庫）の柳川範之《やながわのりゆき》は経済学者。**『知的戦闘力を高める　独学の技法』**（ダイヤモンド社）の山口周《しゅう》は元経営コンサルタントの著述家、**『数学独習法』**（講談社現代新書）の冨島佑允《ゆうすけ》は証券アナリスト。**『勉強が死ぬほど面白くなる　独学の教科書』**（SBクリエイティブ）の中田敦彦《あつひこ》はお笑い芸人で、**『究極の独学術』**（ディスカヴァー・トゥエンティワン）の瀬木比呂志《せぎひろし》は判事から学者、作家になった人。皆さんその分野の専門家ではない。だからこそ独学について語ってもリアリティがあるのだけれども。

『独学大全』が画期的なのは、独学は失敗するという前提で書かれていることだ。「ダイエットを試みると長期的には必ず体重が増加するのと同様に、独学というのはほぼ確実に挫折する」と。逆に言うと、確実に挫折するからこそ、繰り返し「必ず痩《や》せる」「簡単に痩せる」と謳《うた》うダイエット本が出るのだし、同様に英語を独学する本も次々と出ては消えていく。本当に挫折しない方法があるのなら、その本だけがずーっと売れ続けるはずだ。

ダイエットがなぜ失敗に終わるかについては永田利彦《ながたとしひこ》『ダイエットをしたら太ります。』

（光文社新書）に詳しい。

『独学大全』は、「どのように学ぶか」よりも「何を学ぶか」が大事だし、「何を学ぶか」よりも「学び続けるか否か」のほうが重大だという。『独学大全』の第一部は〈なぜ学ぶのかに立ち返ろう〉と題され、志を立て、目標を描き、動機付けを高め、時間を確保し、継続し、環境を作る方法を説く。

英語をどう勉強するか？

今回、ベストセラーや話題の本を中心に独学本をあれこれ読んでみたが、今井むつみ『英語独習法』が意外と面白かった。「意外と」と書いたのは、よくある英語学習本の一つだろうと思っていたからだ。英語・英会話に関する本は戦後のベストセラー史にもたびたび登場する。なにしろ敗戦（玉音放送）から一カ月後の一九四五年九月一五日に発行されたのが『日米会話手帳』（科学教材社）で、初版三〇万部。最終的には三六〇万部を売り上げたという。その後も一九六一年には岩田一男『英語に強くなる本』（カッパ・ブックス）が一位に、六七年には同じく岩田一男の『英単語記憶術』（カッパ・ブックス）が四位になっている（以上のデータは『出版データブック 改訂版 1945～2000』出版ニュース社による）。しかし、『英語独習法』の内容はわたしの予想と違っていた。第一章のタイトルにあるように「認知のしくみから学習法を見直そう」というのがこの本のポイント。先にも触れたように今井は英語教育の専門家ではなく、認知科学・言語心理学・発達心理学専攻。『ことばと思考』『学びとは何か』（ともに岩波新書）などの著書がある。認知科学の視点で学習法を見直すとはどういうことか。うんと簡単に言うと、人は見たいものしか見ず、聴きたいものしか聴かないということである。たとえば、たくさん読んでたくさん聴けば英語が上達するという多読・多聴は、どうやらあまり効果がないらしい。ただ聴いているだけで英語がペラペラになるという教材のCMがひところラジオでよく流れていたが、そういえば最近は聞かない。

もう一つ『英語独習法』で感心したのは言語間というか文化間における「スキーマ」のずれについて。スキーマとは暗黙のうちに持っている知識の枠組みのこと。今井が挙げた例では「歩く」。日本語ではこの一語だが、英語では動き方や行為のしかたによってamble、swagger、toddle、trudge と使い分ける。なんでも walk ですむわけじゃない。日本語を英語にするとき、和英辞典で一語ずつ片っ端から置き換えていけば英語になるかというと、そういうわけじゃない。英語を身につけるとは、このスキーマも含めて理解するということだ。そしてスキーマを知るためにコーパスの活用を勧める。コーパスとは様々なジャンルの、現実に使われている文章を集めた文例集で、無料で提供されているものもある。コーパスなんて言語研究以外では、辞書の編纂とか、書籍や雑誌や新聞の校閲あたりでしか使わないものと思っていたけど、そうか外国語学習にも使えるのか。

『「超」英語独学法』の野口悠紀雄は『1940年体制』(東洋経済新報社)などで知られる経済学者。経済学以外でも『「超」整理法』(中公新書)や『「超」勉強法』(講談社文庫)などのベストセラーがある。以前、『「超」勉強法』がなぜ大ヒットしたのかについて関係者に取材したとき、タイトルを「勉強」にするか「学習」にするか迷ったけど、「勉強」にしてよかったと講談社の人が言っていたのが印象に残っている。

野口悠紀雄は、自分は英語教育の専門家ではないけれども「英語のユーザーではある」と述べている。『「超」英語独学法』はユーザー目線の本だ。面白いのは、第二章の「どの英語を、どの程度勉強すべきか?」というテーマ設定。英語の訓練は「聞く」「読む」「話す」「書く」があり、それぞれ「専門」「正式」「非正式」があって、合計一二種類。あなたが身につけたいのはどれだ？　というのである。こんなこと考えたこともなかったよ。会社員が仕事で必要なのは専門の読む・聞く・話すだろうし、映画を観たり友人と会話するなら非正式の聞く・話すが必要だ。

「単語帳を捨て、丸暗記せよ」と野口は述べる。日本人の英語力が他国に比べて低いのは、英語を単語に分解して翻訳することによって文章の意味を解釈しようとするからだ、と野口は指摘する。それよりも、ある程度まとまった文章を丸暗記するほうがいい。丸暗記というと、なんだか無理やりというか、B29に竹槍で戦うみたいなイメージがあるけれども、今井むつみの「重要なのはスキーマ」という話と合わせると納得できる。言葉は単独で存在するのではなく常に他の言葉とつながっているし、その言葉が用いられる文脈というか状況というものがある。カードで一個一個単語を暗記するより、文章により多く触れたほうがいいのだ。

『東大教授が教える独学勉強法』は、タイトルを見たときは「なんて凡庸な」と呆《あき》れた。「東大」とか「ハーバード大」とか「スタンフォード大」とか、特定の大学名をブランドのように使った本とかタレントとかにろくなものはないと経験上知っているからである。そもそも大学教授が勉強法を教えることに、なんの意外性もないではないか。ひとりで勉強するのが得意な人が良い成績を取るのだから。

ところが中身を読むとちょっと違っていた。著者の柳川範之は東京大学大学院経済学研究科の教授であるが、学者になるまでの経歴がひと味違う。中学は日本の公立中学校を卒業したが、高校には行っていない。銀行員だった父親の転勤でブラジルに住み、現地の学校には行かず、日本から買い込んでいった教科書や参考書で独学した。帰国して大検を受けた後、今度は父親がシンガポールに転勤。柳川はシンガポールで慶應義塾大学経済学部の通信教育課程を受ける。当時の慶大通信教育課程はほぼフリーパスの書類審査だったそうで、柳川は大学入試も経験していない。大学では公認会計士を目指していたが、経済学の勉強が面白くなり、東京大学の大学院に進み、経済学博士となった。独学で東大教授になったようなものだ。『法と企業行動の経済分析』(日本経済新聞出版)や『契約と組織の経済学』(東洋経済新報社)などの著書がある。独学がいちばん身につく勉強法なのだ、と柳川は言う。自分のペースで勉強できて、自分に合った教材を選べて、自分で考えるクセがつく。資料は最初から集めすぎないのがコツで、ノートは作らないなど、「へえ」と感心することしきり。

高まるリベラルアーツの重要性

独学本ブームのキーワードの一つが「リベラルアーツ」だ。政府＝文部科学省が、「ゼニにならない学問に予算を使う意味はない」的な態度をあからさまにするようになって、その反動としてリベラルアーツの重要性が意識されるようになったのだと思う。用いられ方は教養という言葉とあまり違いはない。

今回まとめ読みした中では山口周『知的戦闘力を高める　独学の技法』と瀬木比呂志『究極の独学術』が面白かった。山口周はいま注目の人で、いろんなところでよく見かける。面白いのは経歴で、大学と大学院では哲学と美学・美術史を専攻。広告会社やコンサルタント会社に勤務していたことがある。「外資系コンサルの」とか「外資系コンサルが」とついた本を何冊も書いている。『世界のエリートはなぜ「美意識」を鍛えるのか？』（光文社新書）はベストセラーになった。

瀬木比呂志は元裁判官で、裁判所・裁判官を批判する本も書いている。わたしは『絶望の裁判所』や『ニッポンの裁判』（ともに講談社現代新書）、『裁判所の正体』（新潮社）で瀬木を知ったが、『リベラルアーツの学び方』（ディスカヴァー・トゥエンティワン）という本も書いている。

独学の基礎とは？

山口と瀬木の本を読んで、リベラルアーツの独学術というのはほとんど読書術だと感じた。どんな本（資料・情報）を選び、どう読むか。読書猿が『独学大全』で書いていることとも重なる。ただしこの場合の「本」はきわめて広いもので、印刷して綴じられた書籍（およびその電子化されたもの）に限らず、電子テキストも、音楽も、美術作品や建築も、映画や演劇も含めたものと考えたほうがいいだろう。人類の知的遺産のすべてとでも言い換えられようか。

テクニックは少しずつ違うところがある。たとえば山口は本は線を引いたり書き込んだりして汚しながら読めという。柳川は初見で傍線を引きながら読むと、どこもかしこも重要に思えて線だらけになってしまうから、まずは線を引かずに読んで、二度目から線を引くといいと助言する。長年、どうやって本を読むかについて悩んできたわたしは、両方の意見に賛成だ。ときどき、どう読んでも頭に入ってこない本というものがある。昔は、オレにわからない文章を書くヤツが悪いと思って放り投げていたが、あるとき、汚しながら読むとけっこう頭に入ることに気がついた。というか、高校生のときの受験勉強を思い出し、鉛筆で固有名詞を囲んでみたり、主語と述語の関係を矢印にしたり、主人公の心理描写部分だけに線を引いてみたりとか、いろいろいじっているうちになじんでくる。だが本によっては柳川の言うようにいちどさらりと通読して全体を把握し、再読時に重要なところにだけ線を引くほうがいい。こういう技術的なことは人それぞれ合う合わないがあるから、いろんな独学術本を読んで、面白いと思う技術は取り入れ、合わないと思ったらやめればいい。

インターネットは、いや、YouTubeは独学を変えた。ネットの中には知りたいことを教えてくれるYouTuberが無数にいる。玉石混淆《こんこう》ではあるけれども。『勉強が死ぬほど面白くなる独学の教科書』の著者、中田敦彦はお笑い芸人。二〇一八年に開設したYouTube

チャンネル「中田敦彦のYouTube大学―NAKATA UNIVERSITY」はチャンネル登録者数四七一万人というから驚きだ。

しかしその中田も『独学の教科書』では独学の基本を読書に置いている。「中田敦彦式独学勉強法六つのルール」のうち四つまでは読書に関するもの。目的を明確にする、一冊の本を軸にする、本で学んだ知識を体感してみる、誰かに話すことを前提に本を読む。そして、注目すべきはテレビへのスタンスをルールの一つにしていること。テレビ番組を学びのルールにしない、というのである。お笑い芸人として、そして情報番組のコメンテーターとしてテレビを内側から見て、効率の悪さや、公平な議論がされにくい構造や、価値観の偏りなどを指摘している。

長年わたしが入門と挫折を繰り返している独学分野に数学がある。いつも微積分と三角関数で足踏み。本棚には高校数学のやり直し本や数学入門書が並んでいる。喉に刺さった小骨というか人生の残尿感というか、微積分と三角関数を克服しないことには死んでも死にきれないという思いもある。冨島佑允『数学独習法』はそんなわたしのハートをわしづかみ。著者は数学者ではなく保険会社の運用部門で働く証券アナリスト。京都大学理学部を卒業後、東京大学大学院で素粒子物理学を専攻した人で、数学を使ってビジネスをしている。というわけでこの本の帯文には〈仕事に出てくる数学知識　金融の世界で数学を駆使する専門家に私大文系卒編集者がわかるまで聞き返してできました〉とある。

ポイントは代数学・幾何学・微積分学・統計学の四つをビジネスに引きつけて理解しようというところ。「代数学はわからないことをとらえる」「幾何学はカタチの数学」「微積分学は変化をとらえる」「統計学は大きな視点で傾向をとらえる」という定義にグッとくる。わたしにとって宿敵の三角関数についても「三角関数は究極の思考節約術」なのだという。そうだったのか、こういう見方をすればいいのか、という気持ちになる。

なお、わたしは山口周に倣《なら》ってというわけでもないけれど、今回の本はすべて電子書籍で読んだのだ。ただし、その中でこの『数学独習法』だけは文字の大きさを変えると一行の字数や行数も変わるリフロー型ではなくフィックス型なので、画面の小さなデバイスで読むのはキツいということを注記しておきたい。わたしはiPadで読んだ。

独学とただの読書はなにが違うのだろう。いちばん違うのは目的だろう。目的と目標、たとえば韓国の現代文学を読みたいので朝鮮語を独学する、目標はハン・ガンの小説を原文で読むこと、というふうに。興味のおもむくまま手当たり次第に読むのは娯楽に近い。娯楽が下で勉強が上だとは思わない。どちらも知らなかったことを知る悦《よろこ》びが基礎にある。

Part2 私の独学、私と独学

勉強の数だけ、独学のスタイルがあってもいい。
学ぶことを人生の一部にしてきた者たちにしか見えない世界、
そして、一人で学ぶことで得られた学びの境地とはどういうものだろう？

作家

佐藤　優

独学の秘訣　記憶を再現するためのノート術

さとう　まさる　作家、元外務省主任分析官。一九六〇年、東京都生まれ。在英国日本国大使館、在ロシア連邦日本国大使館に勤務後、本省国際情報局分析第一課において主任分析官として活躍。『国家の罠』『自壊する帝国』（共に新潮文庫）、『「知」の読書術』『「悪」の進化論』（共に集英社インターナショナル）、『ファシズムの正体』（インターナショナル新書）など著書多数。

ただ漠然と本やテキストを読んでいても、知識を身につけることはできない。知識を定着させるためには、内容に応じて「書く」作業が必要となってくるからだ。独学者のためのノート術を、「知の巨人」が伝授する。

世の中には「独学ができない」という人が一定数存在します。独学ができない人に共通する特徴とは何か。それは「長時間、机に向かって集中できない」ことです。高校段階、もっと言えば中学校段階での基礎的な知識が欠けていると、何を学んでも理解が追いつきません。結果、一人で学び続ける意欲が湧いてこないのです。

教養を身につけるのに必要な「読解力」

「独学ブーム」と言われる昨今ですが、そもそも日本は一〇〇年以上前から「独学大国」でした。たとえば明治期などは、外交官や税務署長、郵便局長のような官僚や役人がとにかく必要だったので、出身の藩閥を問わず、記憶力がよくて情報処理能力に長《た》けた若者を集めては、短期間で集中的に詰め込み型の教育を施していました。いわば「人材の促成栽培」ですが、そうした明治のエリートたちは非常に優秀だったので、社会に出た後も独学でさまざまな知識や技術を身につけることができたわけです。

ところが、日本では戦後になっても戦前のエリートと同じような、詰め込み中心の教育が行われました。教育が大衆化した時代にそのようなことをすれば、中学・高校段階の学習についていけなくなる人が確実に増えていきます。そうした人たちが学び直すきっかけとして、戦後の日本ではより独学を求める傾向が強まりました。しかし、そもそも基礎的な学力を身につけていないのですから、多くの人は独学したところであまり役立てることができませんでした。

日本では中等教育、すなわち高校までの基礎学力を身につけていなくても、受験産業が作ったマニュアル教材さえこなしていれば、大学に入れる程度の知識を得ることができます。そのくらい、受験産業が作る教材の完成度は高いわけです。

しかし大学入学以降は、高校までのように手取り足取り教えてくれる予備校や教材は存在しません。大学側もたいして勉強させずに卒業させてしまう。だから、圧倒的多数の学部卒業生は基礎学力や専門知、さらには学び方を知らないまま社会に放り出されるわけです。

国内中心のビジネスで成り立っていた時代は、それでも困ることはありませんでした。会社の上司や先輩が、実際の仕事を通じて教えてくれる知識や技術だけで十分間に合ったからです。そうしたオン・ザ・ジョブ・トレーニング（ＯＪＴ）が重視されたほか、昼食や飲み会の席も「非公式の教育の場」として機能していました。

しかし、グローバル化を迎え、海外でのビジネスが重要になってくると状況は一変します。ガラパゴス化した国内スタンダードの知識やスキルだけでは通用しないことが明らかになってきたのです。

また、欧米や中国のエリートと付き合おうとしても、哲学や文学といった教養の面でついていけない。経営層や中核社員ほど、自身の教養不足を痛感するものの、どのように学び直せばいいかもわからない。グローバル化の影響により、かつてと比べて教養の重要性が増してきています。

では、教養を身につけるために必要なものとは何か。それをひと言で表すと「読解力」です。読解力を養うには、数学や論理学のような「非言語的論理」と、文章を読み解く

「言語的論理」の二つを鍛える必要があります。中学・高校までの学習も、煎《せん》じ詰めれば読解力の核となる「非言語的論理」と「言語的論理」の力を蓄えるものと言っても差し支えありません。現代のビジネスパーソンは、そうした読解力を独学で身につける必要があります。

私の「ノート術」

独学といっても、ただ漠然と本やテキストを読んでいるだけでは、知識は身につきません。知識を定着させるためには、内容に応じて「書く」作業が必要になります。数学であれば、実際に手を動かして練習問題を解く。語学であれば、ディクテーション（読み上げられる外国語をそのまま書き取る勉強法）を繰り返す。人文科学や社会科学の本を読む場合は、重要箇所をノートに抜き書きし、自分のコメントを付記しておく。どんな学びであっても、書くことが知識定着への近道なのです。

ただし、「読書専用ノート」や「抜き書き専用ノート」をあえて作る必要などありません。私自身、ノートは一冊に集約し、読んだ本の抜き書きやコメントに加え、語学の練習問題の解答から仕事のスケジュール、簡単な日記（何を食べたか、誰と会ったか）まで、すべて時系列で記すようにしています。後で読み返せるようにできるだけ分厚いノート一冊に、「記録」「学習」「仕事」のすべてを集約するのです。

なぜ、すべてのことをノート一冊にまとめるのか。その理由は簡単で、探すことに費やす時間を省くためです。すべての記録を一冊に集約しておけば、過去に記した情報を参照したいときも、その一冊をパラパラとめくるだけで解決します。「ここになければ、どこにも記録していない」とわかっているので、「どこに書いたっけ？」などと、あちこち探す必要はありません。手間も時間もかけず、極めて効率的に求める情報へとたどり着くことができます。

私の場合、これまでの経験則から、コクヨの一〇〇枚（二〇〇ページ）ノートを年六冊のペースで使っています。コクヨの一〇〇枚ノートは、厚さ約一・一センチです。つまり一年間で約六・六センチなので、五〇年間でもおよそ三・三メートルの棚を確保すればすべて保存できます。

私にとってノートは、すべての記録を収めた「人生の索引」です。先述したように、私

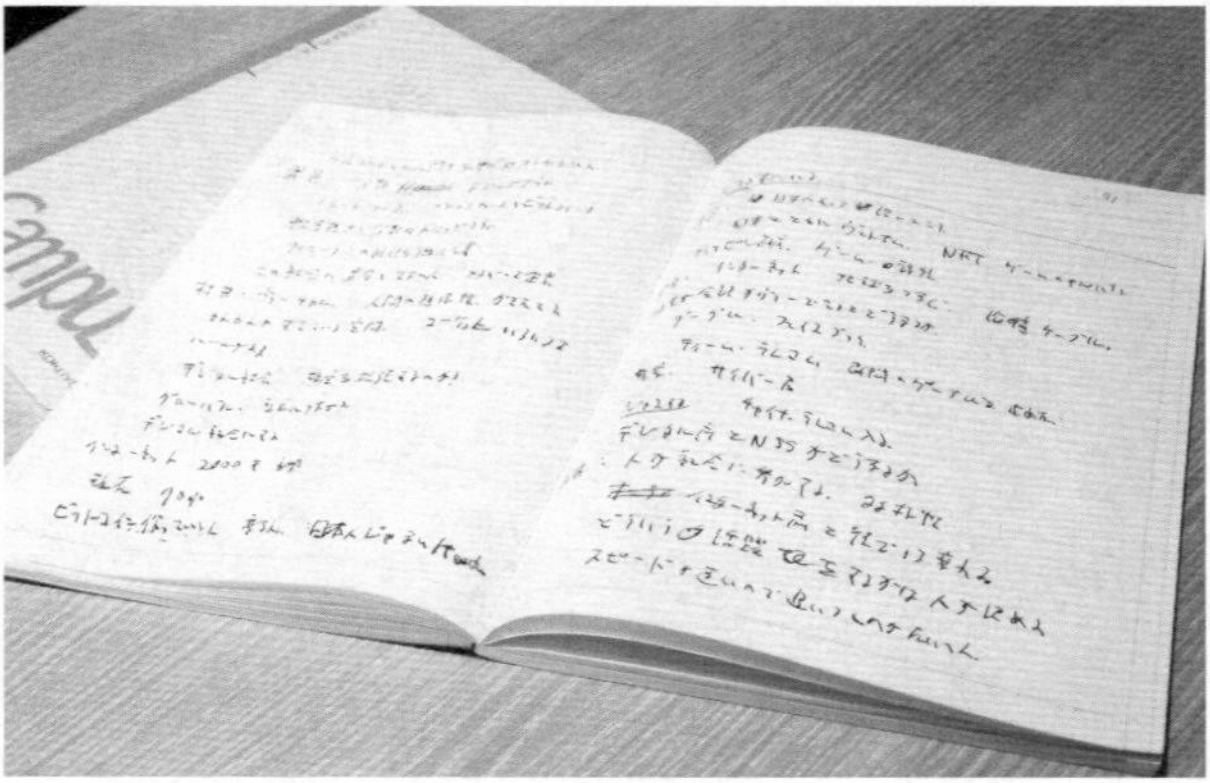

読んだ本の抜き書きや、その日あったことを記したノート。

はノートを索引にするため、「今日一日、何をしたか」「誰と会って何を話したか」「どこへ行ったか」など、その日にあったことを簡単に記しています。これは独学するうえで、非常に有効です。

試しに「今日学んだこと」を、ノートに書き出してみてください。おそらく、無駄なことに時間を費やしていたり、非効率的に時間を使っていたりといった今後の改善点が見つかると思います。一日を振り返る行為が、独学の効率アップにつながるわけです。

こうした意識的な「振り返り」をしないと、独学の時間効率はなかなか上がりません。どんな無駄があるか、どこを改善できるかは、可視化することで見えてくるものなのです。

記憶力の重要性

独学法でおろそかになりがちな要素が「記憶力」です。現代の学生や若いビジネスパーソンを見ていると、かつてと比べて明らかに記憶する能力が落ちています。理由は明白で、「覚える努力をせず、すべて外部化で済まそうとしている」からです。

そうした点から見ても、エバーノートやドロップボックスのようなデジタルツールの使い方には注意が必要です。安易な使い方をすると、情報整理どころか、「情報のゴミ箱」になってしまいます。

最もやってはいけないのが、情報を取捨選択することなく、すべてクラウドに入れてしまうことです。クラウド化する際の鉄則は、「目を通していないものは保存しない」こと。目を通していない情報は、保存したところで呼び出すことができません。

この点でも、ノートには大きなメリットがあります。デジタルは手軽で上限がないからこそ、後で使うかどうかわからないものまで「念のため」に保存してしまいますが、ノートに手書きするのは手間がかかるので、記される情報は自ずと選別され、「学びの記録」が「記憶のトリガー」になりやすいのです。

情報の外部化に加えて、ノートやメモの取り方がわからない学生やビジネスパーソンも増えています。たとえば、大学の授業でノートを取らずに講義を聴いている学生をよく見かけますが、多くの場合、彼らは「ノートを取らない」のではなく「取り方を知らない」のです。

ノートを取ることができない大学生に話を聞くと、「そもそもノートを取った経験がほとんどない」と言います。「中学や高校の先生からノートを取れと言われなかったのか」と尋ねると、「先生が穴埋め式のプリントを配っていたので、授業中に空欄を埋めていた」という回答でした。最近は大学でも穴埋め式のプリントを作成・配付し、学生に記述させている講師がいます。本人はきめ細かい教育をしているつもりかもしれませんが、そのような授業を行っていると学生のメモを取る力は衰える一方です。結果、社会に出てから苦労することになります。

繰り返しますが、ノートやメモは「記憶を呼び出すための重要なトリガー」です。ノートやメモを適切に取れないと、それだけ記憶力も低下することになります。

ノート作りはレーニンに学べ

独学のためのノート作りに関しては、「レーニンのノート術」が参考になります。私の知る限り、レーニンはノート作りの天才です。また、革命という事業を成功させ、ソ連という国家を七〇年以上にわたって維持する基盤を構築したという意味で、レーニンは「一流の実業家」でもあります。

地下活動を続けていた革命家レーニンは、いつも政敵に追われていたので本を所持することができませんでした。そこで彼は図書館を利用しながら、ノートに読んだ本の抜き書きをしていました。コメントなども付記しており、そのノートさえあれば正確なデータを復元できるというのがレーニンのノートの特徴です。

レーニンの読書術は、現代のビジネスパーソンにも応用できます。限られた時間の中で、自分のビジネスに役立つ知識をインプットし、本から得た知見を即、自分の血肉とする。学者の本の読み方とは少し違う、ビジネスパーソンならではの本との付き合い方には、革命家の読書術と相通ずるものがあります。

岩波文庫から出ているレーニンの『哲学ノート』（松村一人訳）は、書名どおり、レーニンの読書ノートを詳細に再現したものです。たとえば、「フォイエルバッハ『宗教の本質についての講義』にかんするノート」の部分には、〈気のきいた書きかたとは、なによりもまず、読者のうちにも精神があることを前提し、すべてを語りつくさず、或る命題がそのもとでのみ妥当しまた考えられる関係、条件、制限を読者自身に語らせることである〉と抜き書きをしたうえで、〈適切な言葉だ！〉とコメントしています。

コメントの内容を見ると、〈非常に正しい!〉〈よく語られている〉といった端的な感想以外にも、〈ヘーゲルは物自体が認識できることを認める〉〈ヘーゲルはカントの『彼岸』に反対する〉など内容を要約したようなコメント、さらに〈一般にいって、歴史哲学は非常にわずかしか与えない〉〈もっとも重要なのは序論であって、そこには問題の呈出においてすばらしいものが沢山ある〉と本全体に対する意見を書き込んだ文章もありました。

こうした「抜き書き」と「コメント」をノートに記していくことを習慣化すれば、記憶の定着度は格段に向上します。逆に言えば、ほとんどの人はこの作業を怠っているので、肝心なときに知識を引き出すことができないのです。

音読のすすめ

これからの独学は、「記憶の外部化」に抗して「生身の記憶力」を鍛えておくことに意識的になったほうがいいでしょう。そのためには、ノート術とともに「記憶力を増強するトレーニング」が必要になります。

アラブ人やユダヤ人など、中東世界の人々の知的強靱《きょうじん》さは記憶力によるところが大きいです。イスラム世界ではコーランを全文覚えている人はざらにいて、子どもたちによる暗唱大会も開かれています。ユダヤ教の世界でもトーラーすなわち、モーセ五書（旧約聖書の「創世記」「出エジプト記」「レビ記」「民数記《みんすうき》」「申命記《しんめいき》」）を暗記している人は珍しくありません。ちなみに日本でも、稗田阿礼《ひえだのあれ》が『古事記』を全文暗記していました。

『百人一首』でも宮沢賢治の『銀河鉄道の夜』でも何でもかまいません。まずは、それほど長くない文章を完全に暗記し、慣れてきたら夏目漱石の『こころ』や『それから』くらいの長さの小説を全文覚えてみましょう。私の経験から言わせてもらうと、集中的に取り組めば一カ月程度で『こころ』を丸暗記することができます。

暗記する際に重要なのが「音読」することです。音読は黙読に比べて理解度が高くなり、読んだことがしっかりと記憶に残りやすい。音読の重要性については、編集工学者の松岡正剛《せいごう》氏が次のように指摘しています。

ひるがえって、そもそも認識（ＩＮ）と表現（ＯＵＴ）とは、そのしくみがまったく異なる知的行為になっている。（中略）その別々のしくみになってしまっている認識INと表現OUTを、あえて擬似的にであれ、なんとかつなげて同時に感得してみようとするとき、ひとつには音読が、もうひとつには筆写が有効になってくる。なぜ有効なのかといえば、おそらく音読行為や筆写行為が千年にわたってINとOUTの同時性を形成してきたからだ。音読や筆写をしてみると、その千年のミームともいうべきがうっすらと蘇るからなのだ。ぼくはそうおもっている。（松岡正剛『千夜千冊エディション　本から本へ』角川ソフィア文庫）。

松岡氏がいう「筆写」はノート術に相当します。つまり、音読と手書きという身体を使った作業が丸暗記にも有効というわけです。

要約と敷衍

記憶したものを自在に引き出せるようにするには、「要約」と「敷衍《ふえん》」という作業が大きな武器になります。要約とは文字どおり「文章の中の重要な箇所を抽出してまとめること」であり、敷衍とは「抽象的な概念や文章を自分の言葉で噛《か》み砕いてわかりやすく説明すること」です。

私たちは物事を他人に説明する際、重要なポイントを見極め（＝要約）、そのポイントをわかりやすく説明（＝敷衍）しようと心がけます。つまり、インプットした知識を適切に活用するには、要約と敷衍を同時に行う必要があるのです。

アウトプットという点では、とりわけ敷衍が重要となります。記憶した事柄をより詳しく、あるいは別の言葉で言い換えて他者に説明する。自分が理解できていないことは説明できないので、どの点がわかっていて、どの点が飲み込めていないのかを確認することができます。

読解力とともに、記憶力、要約、敷衍を身につけることができれば、十分な教養基盤となるはずです。こうしたトレーニングによって脳の記憶容量が大きくなり、さまざまな情報が記憶の引き出しにストックできるようになると、ある課題を解決しようとするときに、類似した事柄を適宜引き出して比較検討できるようになります。つまりアナロジーを用いて物事を考えられるようになるわけです。

独学をしても、インプットだけで終わってしまったら、仕事や実生活に役立てることはできません。ノート術や音読といった記憶力に加え、要約・敷衍という展開力を鍛えることで、知識を自在に引き出し組み合わせることができるようになるのです。

構成・文＝斎藤哲也

経済学者

柳川範之

苦しい学びは続かない

やながわ　のりゆき　経済学者。東京大学大学院経済学研究科・経済学部教授。一九六三年、埼玉県生まれ。専門は金融契約、法と経済学。九六年より東京大学大学院経済学研究科助教授、同准教授を経て、二〇一一年より現職。主な著書に『東大教授が教える独学勉強法』『東大教授が教える知的に考える練習』（共に草思社）、『独学という道もある』（筑摩書房）、『東大柳川ゼミで経済と人生を語る』（日本経済新聞出版社）などがある。

学校や塾へ通わずに独学で大学受験に挑み、見事慶應義塾大学に合格。その後も独自の学びを続け、いまや東大大学院で教鞭を執っている柳川教授。著書『東大教授が教える独学勉強法』で独学の意義を説く氏に、その独学哲学を聞いた。

勉強はできるうちにしておいたほうがいい――ポップスの一節になるほどありふれているこんな警句は、ひょっとしたらもはや有効期限切れなのかもしれない。「できるうち」と期間を区切るのが難しくなっているからだ。

平均寿命の伸びと比例するかのように定年も年金支給開始年齢も引き上げられ、終身雇用も過去のものとなるなか、私たちは幾度かのキャリアチェンジを経ないと、生涯を穏やかに全うすることも難しくなりつつある。知識や思考をアップデートし続けるためには、勉強はずっと継続しなければならない。つまり望もうと望むまいと、勉強は「いつまでも」したほうがいいものに変わってきているのだ。

であれば、学ぶことを趣味にできれば言うことはない。少し前には大人のための「教養」や「リベラルアーツ」といった言葉がもてはやされ、ここ数年では「独学」が静かなブームだと言われている。ポジティブな動機による学びを求める人が増えているのだろう。

ただ、「しておいたほうがいい」という警句が有効だったのは、できれば勉強したくない人が大半だったからでもある。今も昔も、勉強は苦痛のタネなのであり、自らの意志の薄弱さを思い知らされる機会でもある。ましてや教師も見張りもいない独学が、簡単にうまくいくものなのか。

「そんなにうまくできるわけはないんです。計画したことの八割はできません」

あっさりとそう語るのは、東京大学大学院経済学部の柳川範之教授だ。高校に通わず一人で学び、大検（大学入学資格検定試験）を経て慶應義塾大学の通信教育課程に入学し、のちに東大大学院教授にまでなった人物である。柳川教授が二〇〇九年に上梓した『独学という道もある』（筑摩書房）は、「独学ブーム」の先駆けとなった一冊だ。そんな柳川教授にして「うまくできるわけはない」とは、いったいどういうことなのだろうか。

目標は達成できなくていい

中学校卒業と同時に父親のブラジル転勤が決まった柳川少年は、現地サンパウロの高校

に通わずに、「独学」で勉強することを選んだ。小学五年から中学一年の途中まで、やはり父親のシンガポール転勤に際して現地の小学校に通った経験が、この決断をあと押ししたという。

「一九七〇年代はすでに受験戦争も始まっていたので、日本では塾通いする小学生も増えていました。しかし、当時のシンガポールには塾もなく、学校のほかは親に教えてもらうのが関の山です。それでもなんとかなったという実感が、親子ともにあったのだと思います」

父親の助言もあり、とりあえずは公認会計士の資格取得を目標とし、柳川少年の独学は始まった。その後の経歴を見れば、さぞかし綿密な計画を立て、強い意志でノルマを消化していったのだろう……と想像してしまうが、現実は少し違ったようだ。

「数学の参考書と一緒に、簿記や会計の入門書も日本から持っていきましたので、一応は会計士を目標にはしていましたが、仮のゴールはあったほうがいいだろうという程度のもので、強いモチベーションはなかったと思います。実際にしばらくは、近所の小学生とサッカーをしたり、大人とテニスをしたり、街をブラブラしたりして勉強はしていませんでした。でもどこかで『このままじゃまずい』とは思っていたので、それが最後のアンカー（錨《いかり》）にはなっていたのだと思います。ある程度の年齢になっていれば、外から強制されなくてもなんらかのモチベーションが湧いてくるのではないでしょうか。私も子を持ってみて、自然にやる気が湧くまで待つということがどれだけ難しいか痛感しましたが」

危機感に駆り立てられ、目標達成のための学習計画を立てて、やり始めてみる。しかしすぐに計画倒れとなる。当初はそんなことの繰り返しだった。

「それはもう、失敗だらけです。たとえば一冊の参考書が一二章構成であるとして、一週間に一章ずつ進めれば三カ月で一冊終わらせることができる、などと考えてしまいがちですよね。ところが、これが失敗の原因となるんです。実際には自分にとっては難しい章もあれば簡単な章もあり、重要度も章によって違うわけで、思ったようには進みません。計画通りに進まないのは学習速度が遅いのだと考え、理解していようがしていまいが一週間で一章終わらせて、とにかく次に進むようになる。これでは、まるっきり本末転倒なんですね」

計画通りにカリキュラムをこなすことは、独学にとって必須条件ではないと柳川教授は言う。自分の関心や理解の深さに合わせて時間のかけ方を変え、必要とあれば何度でも立ち戻って学べる自由にこそ、独学のメリットがあるのだそうだ。

「今は手に入る情報量も、自由に使える教材も、私がブラジルにいた頃とは比べものにならないほど充実していて、学習のプロセスにおける自由度も格段に進歩しています。足踏みすることも、さらに深く突っ込んでみることも、いったん進んだあとにまた戻ってくることも容易です。独学だけでなく、学校教育における学びの自由度もかなり上がっているはずですが、集団で進めるという性質上、個別に学習プロセスを設定するには限界もあるでしょう。そのような意味では、これまでにないほどに独学のメリットが高まっていると言えるかもしれません」

自身が失敗を重ねて、ようやく見出した独学の真髄は「目標は達成できない」ということだったようだ。

「著書には『目標達成率は三割でいい』と書いていますが、『三割は達成しないといけない』という意味ではありません。実際には、三割はむしろ上出来の部類です。また、三日坊主になってもいいと思います。たとえば新年を迎えるたびに日記を付け始めて、三が日で終わってしまったとしても、一〇年経てば一〇年分の『三が日日記』となり、それだけでも何もしていない人に比べれば立派な記録と言えます。社会人の方は仕事や家庭もあり忙しく、独学にそこまでの時間をかけられる人など、そうはいません。それでもたとえ目標の一割でも何かを学べばそれは大きな前進ですし、集中できずにいろいろなものを眺めている時間にも、無意識に何かを学んでいるはずで、のちに何かのヒントになる可能性だってあります。完璧を目指すと、どうしても〝こなす〟ことが目的にすり替わってしまって、学んだ量は膨大であっても何も身についていない、知識はあっても腑《ふ》に落ちていないということもしばしば起こります。独学については、計画通りにできなかったことを卑下しても、あまりいいことはないように思いますね」

「なぜ」と問うことから始まる

いつの間にか何かを「学ぶ」という目的が、決めた手段を〝こなす〟ことに入れ替わってしまう。このような目的と手段の混同は、独学に限らず、個人でも組織でもしばしば起こることだ。学校教育の中でそのような経験をした人も、少なくないだろう。

たとえば「授業で教わっていない方程式を使って問題を解くとバツになる」「かけ算の〝順序〟を守らないと計算結果が合っていてもバツになる」といった教え方は、それぞれに議論の余地はあれど、あくまでも標準的な習熟プロセスに合わせて便宜的に設定されたものに過ぎない。しかしそれがいつの間にか絶対視される。なぜかけ算の順序を守らなければならないのかを、どれだけの小学生が理解しているだろうか。

「本当は、『なんのためにこれを勉強しているんだろう』と問い直させる機会が、もっとあったほうがいいと思います。もちろん、クラス全員の理解度を上げていくのは容易なことではないので、立ち止まったり、振り返ったりする時間を作ることがどれだけ大変かは、教育機関に属する者として理解はしているつもりです。ただ、『なぜ』に触れない学びは、子どもだけでなく大人にとっても苦痛を伴いやすいものです。なんのために学校へ行き、勉強し、テストで良い点を取るのか、その意味を本質的に考える機会がないのは非常にもったいない」

このような学びの画一化は、近代という時代が要請したものでもあった。

「軍事のシステム化により、隊列を乱さず定められた手順で銃火器を使える人材を送り出す。あるいは急速な工業化を実現するために、生産機器を正確に扱える労働者を大量に輩出する。皆と同じ歩調、同じスピードで行動できる人間の養成が教育機関に求められた時代の名残は、いまだに小さくないと思います。ほかの子がつまずかないタイミングでつまずいたり、湧き上がった疑問を立ち止まって考えたりする子は評価されなかったのです。ところが、一人の経済学者として言えば、今の社会はそうではありません。『皆と同じ』では付加価値を生み出せないし、イノベーションも起こせないのです。しかし実際には、人と違う発想を求められるのは社会に出てからで、学校教育を受けている間は『なぜ』と問いかけてくる子は、クラス全体の学びへの阻害要因として扱われがちです。もう少し違う角度、違うスピードでの学びを許容することが、学校教育でも求められているのではないでしょうか」

日本では小学校から高校までの一二年で、事情がない限り留年したり休学したりする人は多くない。ましてや、自分自身の趣味や学校外での活動のために欠席する人も少ない。コロナ禍で皆勤賞を廃止した学校も増え始めているが、「皆勤」をここまで美徳とする文化は日本独自のものだとも言われている。

「高校で二、三年ほど海外にホームステイしたり、休学して何かを勉強してまた復学するといった回り道がもっと普通のものになればいいのにと思います。そういう文化が広まれば親としても、子どものなかで何かを学びたいという動機が生まれるのを、待てるようになる気がします。すぐに変わることはないでしょうが、日本の学校教育はカリキュラムの面でも、進級・進学の面でもかなり窮屈《きゅうくつ》な仕組みになっているように映ります。もう少し、寄り道を許容できるシステムになっていれば、学校の外でさまざまな学びのきっかけに触れるチャンスが広がるはずです。そこで自分なりの目指すものが見つかれば、〝なぜテストで良い点を取るのか〟という理由も生まれるでしょう」

前述したように柳川教授の場合、サンパウロの街をブラブラし、近所の子どもとサッカーをしている間にも、「このままではいけないのではないか」というかすかな危機感が常にあり、それが学びと自身とを繋ぐ最後のアンカーとなっていた。ところが日本の学校教育の場合、「学校に行かない」「落第する」などの選択肢は事実上存在せず、理由も判然としないまま学校に通い、できるだけ偏差値の高い進学先を目指すことが暗黙裡《あんもくり》に求められる。アンカーを個人ではなく集団全体の無意識に結びつけることで、均質な学習プロセスが実現し、学校教育は戦後の高度成長を推進するエンジンとして一定の成果を上げてきた。その半面、学びの意味そのものを問う機会は少なくなってしまっている。そのことが、大人の学びから自由を奪っていると柳川教授は考えているのだ。

真面目にやりすぎるデメリット

「資格の取得などが目的であれば話は別ですが、〝学びたい〟という動機からスタートする学びであれば、達成目標も計画も、本来は不要なんです。でもそれでは怠けてしまう、学んだ気がしないというのももっともなことなので、便宜的に中間目標や計画を立てるわけです。ところが、いつの間にか計画通りにこなすために学びの範囲を狭めてしまったり、目標が達成できないなら意味がないと挫折してしまったりしがちなのだと思います。受験勉強で染みついた癖が抜けないのかもしれませんが、そこで失われている自由な発想や、想定外の発見があるはずです。〝独学〟というテーマに惹《ひ》かれ、私の記事を読んでくださる方はおそらく真面目な方だと思いますが、真面目にやりすぎることのデメリットもあるということを念頭に置いていただければと思います。義務でも強制でもなく何かを学ぶのですから、計画や達成度にあまり縛られず、自由に迷ったり寄り道したりすることを、むしろ強く意識してほしいですね」

もちろんどんな学びにも、自由な視点が必要な段階と、選択肢をいったん切り捨てて目の前の課題に集中すべき局面はあるだろう。ただ、前者がいつの間にか後退し、後者のみが残ってしまったら、その学びには喜びがあるのだろうか。もっと言えば、なんらかの成果を得るためではなく、理由なく湧き起こる学びへの欲求は存在しないのだろうか。

「むしろそれが本質だと思います。好奇心が湧いたから学ぶ、あるいは知ることそのものに喜びを感じる、それこそが源泉なのです。理想論かもしれませんが、好奇心や知る喜びがドライビング・フォース（駆動力）となり、関心の対象の周囲にある事柄までをも身につけていくというサイクルが生まれれば、強制するものや明確な達成目標がなくても、生涯にわたって学びを続けられるはずです。それこそが真の意味での生涯学習と言えるでしょう」

どうやら、いつしか「学び」という言葉に張りついてしまった、苦しさや重さのイメージを引き剝《は》がすことが、大人の学びには必要なのかもしれない。

「好奇心や興味が学びの本質であるのに、あまりにもそうではない学びを強要され続けて、苦しさが本質であるかのように思われてしまっています。『独学』という言葉にも少なからず孤独な修行のようなイメージがまとわりついてしまっていますが、誰だって苦しいことは長続きしません。義務教育が完了したあとに何かを学ぼうというのですから、まずは興味のあること、やりたいことに関連づけて、自らの学びを構成してみてはいかがでしょうか。それは映画でも鉄道でも、料理でもスポーツでもなんでもよくて、とにかくなんらかの〝好き〟に結びついた領域で、どんどん関心を広げていくことで豊かになるものは確実にあると思います」

学びに「革命」が起きている

ブラジルから日本に帰国し、大検に合格した柳川青年は、再び父親の海外勤務によりシンガポールに住みながら、慶應義塾大学経済学部の通信課程を受講し始める。経済学部を選んだ動機の一つには、当初の目標だった公認会計士の資格取得もあったというが、次第に経済学そのものの面白さに惹かれるようになる。

年に一度のスクーリング（面接授業）のため帰国した際には、シンガポールでは手に入らない論文や書籍を大学図書館で大量にコピーし、帰りの機内に持ち込んだという。その大荷物を見た客室乗務員は、足元に置ききれない分は機内後部に置くように指示するが、柳川青年は「大事な資料だから紛失したら困る」と拒否し、しばし乗務員と押し問答になったそうだ。

「あとから考えればそんなコピーを盗む人なんているはずもないんですけど、何せ一年間をこの資料だけで過ごさなければならないので、本当に必死でした。ただ必死な分だけ、シンガポールで勉強している間もいろいろなアイデアを練ることができましたし、一年後に論文を指導教官に持っていくと高い評価をいただけて、だんだんと会計士ではなく学者として生きていきたいと思うようになりました」

もし、氏が三〇年遅く生まれていたら、客室乗務員と押し問答をすることはなかっただろう。インターネットを使えば世界中の論文にアクセスでき、貴重な図書資料もオンライン図書館で閲覧できる。さらに、紙をベースとしない情報であれば、ネット上に無尽蔵に転がっている。世界の有名大学が無料で配信する講義動画だって、見ることができるのだ。

「それは圧倒的に大きな違いだと思いますね。だから一口に独学と言っても、私が体験した独学と現在のそれとは、全く違うものになっているはずです。ブラジルやシンガポールにいた頃はインターネットもなく、限られた情報をなるべくかき集めて、そこからどれだけ吸収するかが学びの成否を握っていました。大学や研究機関が外部にオープンにしている資料や情報も、今と比べるとごくわずかなものだったと思います。ところが今は学びの機会にも、その質にも、一種の革命が起きています。手に入らない情報は限りなく少なくなっていますし、地理的に離れた人と意見交換し、教えを乞うことも容易になりました。年齢も地位も住んでいる場所もほとんど関係なく、充実した学びを始めることができるのです」

ただ、膨大な情報の前で途方に暮れてしまう人も少なくないだろう。かつての独学とは別の難しさもありそうだが、そこはどう乗り越えればいいのだろうか。

「大量の情報をどうやって処理するかという点で、デジタル・ネイティヴの世代とそれ以前の世代との間にギャップがあることは事実です。今や情報は、見たくなくても目に入ってしまいますし、デバイスやプラットフォームの選択により、気づかぬうちに偏った情報ばかりを取り入れてしまう可能性もあります。むしろ、あえて不要な情報を見ないようにする必要もあるのだろうと思います。その点で、デジタル・ネイティヴ世代は『見ない』ことにとても長《た》けている印象がありますね。大量の情報から自分が使うべき材料を選び取って、どう料理するかが問われる時代になったとも言えますが、それもまた誰からも強制されるものではありません。あくまでも自由に気楽に、楽しさを追求していけば、きっと自分なりの学びのスタイルができるのではないでしょうか。情報洪水のデメリットよりも、チャンスが広がったことのメリットのほうがはるかに大きいと思いますね」

取材・文＝柳瀬 徹／撮影＝落合隆仁

石塚真一

漫画家

独学の漫画家、独学のサックスプレーヤーを描く

いしづか しんいち　漫画家。一九七一年、茨城県生まれ。南イリノイ大学新潟校からアメリカの本校へ渡り、その後サンノゼ州立大学に移籍。帰国後、会社員を経て二〇〇一年第49回小学館新人コミック大賞に入選。〇三年から「ビッグコミックオリジナル」などで連載した『岳 みんなの山』はマンガ大賞2008をはじめ数々の賞を受賞し、一一年に実写映画化された。一三年から「ビッグコミック」で連載を始めた『BLUE GIANT』は第二部『BLUE GIANT SUPREME』を経て、現在は第三部『BLUE GIANT EXPLORER』に突入。すでに数々の賞を受賞している。二三年に第一部のアニメ映画公開が決定。

ジャズに没頭し、河原で一人サックスを吹き続ける高校生・宮本大《だい》。愚直な練習の積み重ねが、唯一無二の演奏に結実し、聴衆を揺さぶる。そんな独学で邁進する主人公を描く『BLUE《ブルー》 GIANT《ジャイアント》』（小学館）シリーズの作者自身が、独学で漫画の描き方を習得した。独学ゆえに獲得した、セオリーに縛られない自由な発想と創作の信条に迫る。

僕は二二歳から二七歳までアメリカに留学していたのですが、その頃は友人に誘われたことをきっかけに始めたロッククライミングに熱中していました。帰国後、ＩＴ企業に就職したところ、一年も経たずに会社が倒産してしまい、漫画で勝負したいと思ったのです。こうなったら、やりたいことだけをやろうという思いからでしたが、漫画の描き方など何もわからず、画材屋さんにあった漫画の描き方の入門書を手に取るところからのスタートとなりました。

漫画に教科書はない

なぜ漫画かというと、留学していたとき、浦沢直樹先生の『MASTER《マスター》キートン』に影響されて、考古学を学びにアメリカまで来ていた同級生の存在があります。漫画に影響されて、人生の選択を変えた人を初めて目《ま》の当たりにして、漫画ってすごいんだなと思うようになりました。もともと自分が夢中になっているもののすごさや感動を伝えたい欲求があったので、その手段として漫画を意識するようになったのです。

三〇歳になる手前で漫画家になろうと決めたものの、描き方を教えてくれる人はいません。それでも、画材屋で買った入門書や、浦沢先生と弘兼憲史《ひろかねけんし》先生の漫画を参考にすれば、自分でも描けるのではないかと考えました。というのも、両先生の作品は構成が堅固かつ明確なので、ストレスなく読み進められるうえ、解釈しづらい紛らわしさもありません。

先生方の作品のページをひたすら模写していくと、「こういう構造になっているのか」とすごくよく理解できるのです。「最初のうちはコマ割りが少ないな」「物語が進むにつれて会話が多くなるんだ」という感じで、構成の基礎やリズムを体得していけた気がします。

不思議なもので、漫画には教科書があるようでないのです。出版社の中で極秘に出回っているのかもしれませんが（笑）、漫画家の先生方にそれぞれの型や流儀はあっても、本当に確立された文法はそれほどないように感じています。だから、描き手は常に自由でなければならないし、変わっていかなければいけません。

時に人に頼ることも

漫画にはネームとよばれる下書きのようなものがあります。僕はそれすら知らないまま描き始めてしまったので、新人賞をいただいた頃、担当者から「来週までにネームをよろしく」と言われて、一週間かけてペンネームを考えてしまったほどでした。山登りにせよジャズにせよ、伝えたいことはいくらでもありましたし、話を作ることはできるのですが、新人賞の受賞から先はたいへんで、それを商品化できるレベルまで引き上げなければなりません。独学は依然続くのですが、幸いにして最初に付いてくださった二人の編集者から多くを教わり、少しずつ力をつけていくことができました。

『BLUE GIANT』シリーズでストーリーディレクターをお願いしているNUMBER 8さんはもともとデビューしたときから担当していただいた編集者ですが、当時も今もダメ出しと修正が入ります。打ち合わせ後にネームを持っていくと、「役者がヘタ」とか「ウソでしょ？」とか、「何してたんですか、今日まで？」とケチョンケチョンに言われて、「ああしてはどうか？」「こうすべきなんじゃ？」と細かく指示をいただく。時には「作家としてもっとしっかり‼」と言われることもありますが、僕は僕でまったくめげないので、お互いにOKなのです。

そういえば、デビュー当時、NUMBER 8さんに「僕の石塚真一という名前は、実はペンネームなんです。石ノ森章太郎先生の〝石〟と手塚治虫先生の〝塚〟に、真実一路から〝真一〟なんですよ」と冗談を言ったことがありました。「え⁉」とすごく驚いているので、「ウッソ〜ん」と答えたところ、「殺しますよ……」とすごまれました（笑）。

僕は単に独学だけでなく、ちゃんと人に頼り、教えてもらい、修正してもらうことも大事にしています。NUMBER 8さんからすると、「あなたは運がいい。俺にダメ出ししてもらえてよかったね」という言い方になりますが（笑）、お互いに漫画に対して真摯《しんし》でい続けることには違いありません。

現状維持は落ちていくだけ

シリーズの第一部『BLUE GIANT』は、ある日「ジャズにうたれた」仙台の高校生・宮本大が、「世界一のジャズプレーヤーになる」という途方もない志を抱いて、広瀬川のほとりで来る日も来る日も一人サックスを吹き続けるところから始まる物語です。つまり、独学からスタートした人間の物語です。

よく「石塚さんと大は似ていますね」と言われます。たしかに、他の人なら立てないような無謀な目標に愚直に向かっていくところなど、共通項はあると思いますが、大のほうがはるかに真面目です。彼はほんの少しの時間も惜しんでサックスを吹き続けるような人間ですが、僕はとてもそこまでできません。

『BLUE GIANT』の連載を始めるとき、舞台は地方都市がいいなと思っていました。というのは、主人公が自然の中でサックスを吹いている絵を描きたかったからです。ちょうど担当者が仙台出身で、彼が話す仙台弁も今では古いものなのだそうですが（笑）、大のイメージに合いましたので、仙台を舞台に選びました。

ひょっとしたら、地方都市に暮らしているほうが実感できるのかもしれませんが、現状

広瀬川の河原で日々サックスの練習に励む宮本大。
『BLUE GIANT』第1巻より

維持を目指していては、技術も発想力も維持できず、むしろ落ちていくという感覚が僕にも大にもあるのではないかと思います。同じコミュニティ、同じメンバーの中で、お互いの現在を認め合いながら穏やかに生きることも素晴らしいのですが、自分自身の表現を極めたいと思うなら、もっと厳しい環境に身を置くか、自分を律するしかないのです。

最近特にそう感じているのは、大が単身ドイツに渡り、ヨーロッパのジャズミュージシャンの間で揉《も》まれていく第二部『BLUE GIANT SUPREME《シュプリーム》』が挑戦の連続だったからです。土地勘のないヨーロッパが舞台となると、おおよその感じ（ざっくり）で物語を考えがちですが、その、「話の維持」をいかに「話の維持以上」にもっていくか？——というのが毎話の闘いとしてありました。そういった第二部の経験があって、「大胆に攻めよう」と思えるようになったのが今。だから、連載中の第三部『BLUE GIANT EXPLORER《エクスプローラー》』はさらに攻めていこうと思っています。もちろん、大まかなストーリーは自分の中にありますが、そこへ至るまでにどういう経路をたどるのか、たどりついた先が今抱いているものと同じなのか、これは自分でもわかりません。

生活の全てがインプットの対象

表現が先鋭化していって、精神を壊してしまった人は、漫画家に限らず、表現者には数多く存在します。対して、僕自身は少し軽薄でいたいと思っています。日本ではものごとを「道」として究めようとすることが美徳と考えられています。しかし、僕はそれほど一途ではいけないと思っていまして、漫画家として上り続けていきたいという思いが「道」であるなら、必ずもう一本「ハマるもの」を用意して、両輪の関係を作ることにしています。

それは「ウォーキングにハマってみよう」とか「ボルダリングに行ってみよう」とか、あるいは「ハイボールを楽しんでみよう」といった具合に、あまり突っ込み過ぎないものが適しています。「さぁ、がんばるぞ……なんちゃって」と言える程度に、シリアスになり過ぎないことも、長く続けていくためには必要ではないでしょうか。

こういうことを思うようになったのは最近のことで、先頃お亡くなりになったさいとう・たかを先生が『ゴルゴ13』を描き続けた理由や、大ヒット作をいくつも世に送り出したあだち充先生が『タッチ』以降もチャレンジを続ける理由が、以前は理解できませんでした。しかしようやく、大御所の先生方はもちろん、漫画家の皆さんが描き続けているのは、いい漫画を描いて「面白いね」と言われることが何物にも代え難い喜びなのだからだと、身に沁《し》みて思うようになれたのです。

我流の自己満足に陥らずに長く続けていくためには、インプットがとても大事になります。こう言ったら乱暴かもしれませんが、生活の全てがインプットの対象と捉えたほうがいいのかもしれません。皿洗い一つをとっても、集中すれば気付きがあるものです。中でも、僕は人の言葉に注目してメモを取るようにしています。それは小説の中の言葉、映画の中の言葉、ラジオで誰かが言った言葉、現実の会話の中で出てきた言葉……。どれもすぐに使えるものではないのですが、広い池を用意して言葉を貯めておけば、心に残る言葉が出てきやすくなるのです。

妥協のない表情を描く

漫画の表情描写にはステレオタイプの記号化された型があって、ビックリしたときは目を見開いて口をパカッと開けるとか、そういう絵になるのが常套《じょうとう》なのですが、そこから脱却することでようやく描ける表情があります。僕にとって、人の表情を描くのはとても重要な仕事で、時間がかかります。僕は一日に六ページずつ仕上げるようにしているのですが、思うような絵が描けず、消しゴムで何回も何回も消しては描き直して、それでもどうしてもうまく描けないコマがあれば、進めなくなってしまうことも珍しくありません。

たとえば、人が考えているときの表情でも、おそらく無限に表現手段があるはずなのです。大が見せる、ステージに上がる直前の「さぁ行くぞ」という顔がありますが、その表情はどのようなステージへ向かうかによって変わってくるはずです。客が三人しかいないステージに臨むとき、アウェーなとき、気になる人が来ているとき……。大の気持ちになれば、そのそれぞれに違う「さぁ行くぞ」の顔があって然るべきで、それをつかんで描いていけないようであれば、現状維持でしかなく、落ちていくだけ。読者はみんな離れてしまうと思います。だから、僕がやらなければいけないのは、そこを攻めて攻めて、新しい顔やいい顔を描いていくことなのです。

もちろん、表情だけで漫画は成立しません。演奏シーンでも、サックスでいえば楽器自体もプレーヤーも動きが少なめなので、ちょっとした首の角度や指の角度などにもリアリティを感じてもらえるように描かなければいけません。『BLUE GIANT』の前作で、山岳救助をテーマにした『岳《がく》 みんなの山』（小学館）であれば、登山者の足全体に力が入っているのか親指だけに入れているのか、そういうところまで追究しないと、僕が描こうとしているものは成立しないのではないかと思っています。僕が好きな先生方の作品を見ていても、たとえば立ち姿や後ろ姿でさえ、どういう状況にあるのかが伝わるように考えられていて、勉強になります。

「モブ」が物語を支える

『BLUE GIANT』シリーズでは、主要な人物だけでなく、いわゆるモブ（群衆）の一人ひとりにも表情を描き込むようにしています。これは『のたり松太郎』をはじめとする作品を描かれた、ちばてつや先生を見習ってのことです。ちば先生は相撲《すもう》の観客や通行人だけでなく、祝賀会のシーンであれば、テーブルに並ぶお膳、その一つひとつに料理まで描き込み、参加者も全員、年齢も体型も服装も性別も、もちろん顔も表情も描き分けます。しかも、斜め上からのアングルが多いので、物陰となる部分が少なく、結果として空間全体

初めて組んだバンド「JASS（ジャス）」のフロントに立つ大。ピアノの雪祈《ユキノリ》、ドラムの玉田、三者三様の思いが表情にあふれる。モブのオーディエンスたちにも、一人ひとりの反応や表情が描き込まれている。『BLUE GIANT』第9巻より

を描き込むことになってしまう。錦糸町を歩くシーンがあれば、たくさんの看板や建物、街並みの汚れなどまでもが隅々にわたり描き込まれ、その徹底した雰囲気作りが読者を漫画の世界へ引き込むのです。

モブを描くのは本当に面倒くさいのですが、大御所の先生が今でもそれを描き続けている以上、僕も手を抜くわけにはいきません。『BLUE GIANT EXPLORER』ではモブがキーワードになってくるでしょう。ライブシーンでは、オーディエンスのリアクションが、大たちの演奏がどれほどのものか

を表現する手段の一つにもなり得ます。モブの一人ひとりの感情まで考えて描き込もうとすればさらに面倒くさくなるのですが、モブにはもっと何かできることがある気がしてなりません。「このモブシーン、すげぇ」と言われるものを描いてみたいし、手の込んだモブシーンをきちんと描ききっていけたらいいと思います。

「入る」まで何度でも

独学で練習を続けてきた大は、初ライブでお客さんから手ひどい言葉を投げかけられます。仲間や他のミュージシャンたちから辛辣《しんらつ》な指摘を受けることもしばしばです。同じように僕もNUMBER 8さんから頻繁にダメ出しをされてきたことはすでにお話ししたとおりですが、最近は技術的なことよりも、「入ってねぇな」と言われることが多くなっています。それは、僕が登場人物の感情まで下りず、つまり物語に没入しきれずに描いてしまったということで、必ず指摘されます。

入らずに描いているときは、ストーリー展開として成立していても、流れで描いてしまっている。それに対して、入っているときは、ストーリーとして成立しているかどうかが自分ではわからないこともありますが、彼のチェックは後者を通すのです。「入ってないね」と言われたら、「そう。入ってなかった。ごめん、もう一回やり直す」と、入るまで描き直します。ダメ出しをもらう前からスッと物語に入れるのが理想ですが、これがナカナカ……集中力を必要とします。

ちょっと前までは、「物語に入る」なんて言い方は、僕にはおこがましいと思っていました。でも、どんどん入らないとダメですね。特に最初のシーンが重要で、そこで物語にしっかり入れないと、リアリティが動き出しません。たとえば、その回が車のシーンから始まるのだとすれば、その車に自分が乗り込んでいるつもりで描かないと、何かが決定的に足りなくなってしまうのです。

独学でなければ得られないもの

『BLUE GIANT』シリーズでは、NUMBER 8さんがいろいろ発明してくれることもあって、今までのセオリーにはなかった実験的な表現に挑んでいます。たとえば、劇中で、時間を突然前後させる演出を試みていまして、特に第二部『BLUE GIANT SUPREME』の終わりのほうでは、印象に残る面白い効果を生み出す仕掛けになったと思います。

また、コミックスの巻末では、時間がはるか何年も先に飛び、年月を経た登場人物がインタビューを受けていて、大との思い出を語ります。そうしたものを先に描くと、整合性の面からすれば、あとで辻褄《つじつま》を合わせる必要がありますし、ネタバレになってしまうのではと心配もしたのですが、読者の方々は喜んで付き合ってくれるのです。つまり、人は過程が好きで、結果よりも過程に興味があるのだということを実感しました。

独学という孤独な時間をもつことは、非常に豊かなことだと思うのです。たとえば、ジャンプをするときには、グッと踏み込み、踏み切り板にしっかりと重心をかけます。独学はそうした過程に相当するのではないでしょうか。跳ぶまでの過程は、孤独の中で内観を行う作業に等しいのかも知れません。たぶんそれは、高く跳ぶためだけでなく、長く跳び続けるためにも必要なことなのだと思います。

絶えず誰かといたり、誰かを必要としたりしていると、自分自身を覗き込む時間がありません。僕は他の漫画家の先生方を、年齢も何も関係なく尊敬していますが、けっして崇《あが》めないようにしています。「負けん気」というより「勝つ気」をもっていないと、読者もつまらないじゃないですか。「この人は勝つ気があるんだろうな」という、まだまだ上へあがろうとする意思が伝わらないと、誰もついてきてくれなくなってしまうはずです。

僕は「蓋《ふた》をする」という言い方をしていまして、もうジャズ漫画が二度と出てこられなくなるほど『BLUE GIANT』シリーズで全てを描き尽くすつもりでいます。たとえば、二〇二〇年に亡くなった矢口高雄《やぐちたかお》先生の『釣りキチ三平』を見れば、あのキャラクターと感情表現、魚の絵、背景……、あれ以上の釣り漫画を生み出す気にはなれません。僕は欲張りなので、ジャズ漫画に蓋をしようとしていますが、もしそれを超える作品が出てきたら、それはそれで最高なことだと認めつつも、やっぱりちょっとずつ蓋を閉めていこうかと思っています（笑）。

だから、ここからがんばらないと、なんです。

はい、がんばります!!

構成・文＝柳瀬 徹

数学者

岡部恒治

社会人のための数学独学法

おかべ つねはる　数学者。埼玉大学名誉教授。一九四六年、北海道生まれ。東京大学理学部数学科卒。日本数学会会員。「新しい数学教育研究会」代表理事。子どもたちに数学の楽しさを伝える出前授業などでも活躍。著書に『分数ができない大学生』（共著　東洋経済新報社）、『1日1題！ 大人の算数』（祥伝社新書）、『マンガ 微積分入門』（講談社ブルーバックス）など多数。

「社会に出て、何の役に立つ？」「数式がややこしくて無味乾燥」……。学生時代に苦手だった数学の価値を見直し、ひとり問題に取り組む社会人が増えている。ブームにさきがけて「数学パズル」や「通勤数学」を世に届け、その楽しさを広め続ける「数学の伝道師」が、数学独学の秘訣《ひけつ》を語る。

小学校までは「算数」と呼んでいたものが、中学からは「数学」と名前が変わります。算数はどちらかというと、「計算ができるかどうか」で決まるところがありましたが、それが「数学」になると単純な計算力ではなく、「物事の根本を追究する学問」に変わる、と私は思っています。私のように計算が不得意な人間ほど、「もっと、かんたんに計算のできる方法はないものか？」と考えるものです（小学生のとき、算数の成績は2だった！）。

たとえば、足し算や掛け算なども、その計算はどういう構造をもっているのか、どういう成り立ちや仕組みでできているのかと、考えるようになるわけです。

算数と数学の違いはどこにある？

一例として、有名なガウスのエピソードを考えてみましょう。彼が小学校低学年の頃、ビュトナーという先生が、

1＋2＋3＋……＋99＋100

のような問題を子どもたちに与えたそうです。先生はこの問題でしばらく時間稼ぎをしたかったようですが、年少のガウスがすぐに「できました！」とノート代わりの石板を置き、先生を驚かせたそうです。しかも、正解はガウスただひとり。

ガウスは真正面から計算したのではなく、もっとラクな計算方法、おそらく「数列の和」がひらめいたのではないでしょうか。

1〜100ですと図で説明しにくいので、簡略化して1〜10で考えてみます。**図1**の上に書かれた数字を見てください。まず、1〜10までを一列に並べ、下に逆順で並べてみます。上下で対応する数を足すと、すべて11になり、それが10個あるので、11×10＝110。その半分を求めればいいので、2で割って正解は55。

同じことを図で考えることもできます。

図1 ガウスの計算

$$\begin{array}{r} 1 + 2 + 3 + \cdots\cdots + 8 + 9 + 10 \\ +)\ 10 + 9 + 8 + \cdots\cdots + 3 + 2 + 1 \\ \hline 11 + 11 + 11 + \cdots\cdots + 11 + 11 + 11 \end{array}$$

11が10個で110

（その半分は55）

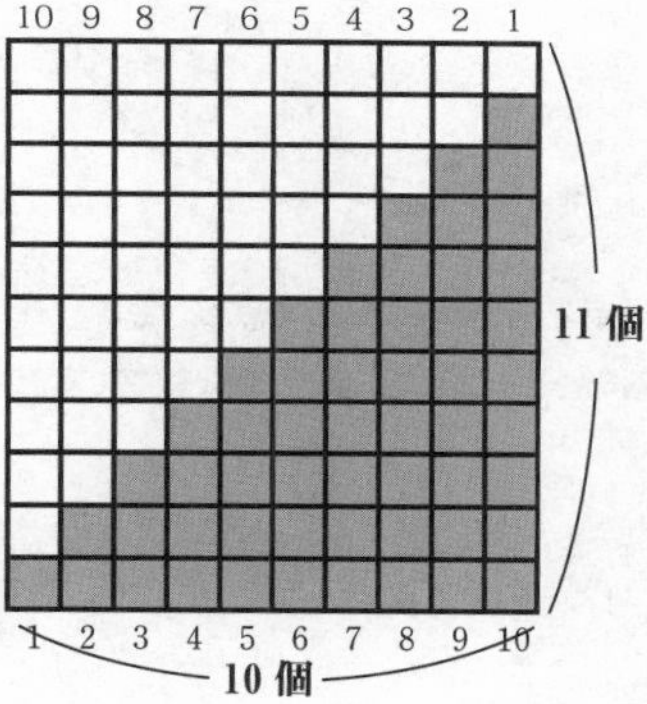

$$\frac{10\times11}{2}=55$$

■の石を1個、2個、3個……9個、10個と階段状に並べます。もう一つ、色違いの□の石を10個、9個、8個……、2個、1個と並べると、タテ11、ヨコ10の長方形ができます。石の数は11×10＝110なので、2で割って55個です。

ガウスの場合は1から100まででしたので、同じ方法で5050とわかります（101×100÷2＝5050）。

このように、計算の奥にある構造や仕組みを考え抜き、複雑そうな問題もシンプルな形に置き換えて解いていく――これこそ、数学の威力、おもしろ

図2　面積を求めよ　（※解答は203ページ）

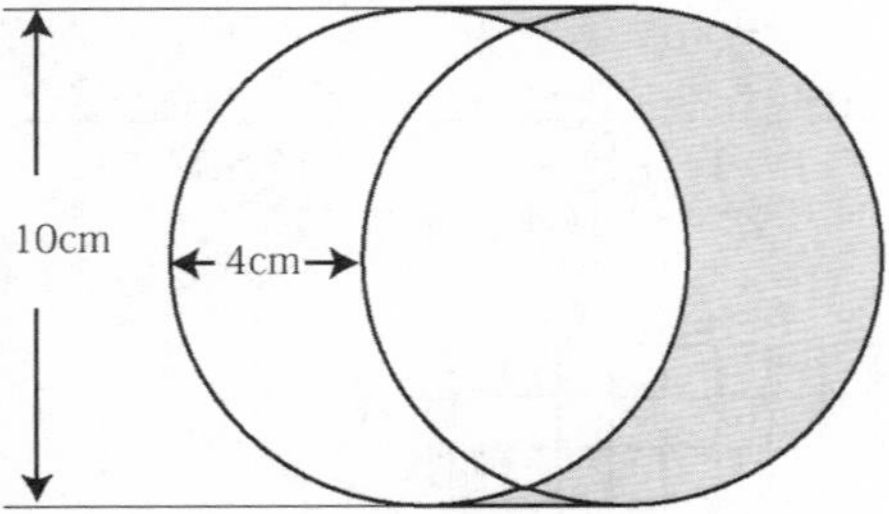

直径10cmの円を右に4cm移動したとき、色のついている部分の面積を求めてください。

みだと思っています。1～10の計算から1～100の計算法を類推できることも、大切な数学の思考法です。

発想力、ひらめき力、着眼力を伸ばすには

社会人が数学を勉強し直すという場合、三つの方向があると思います。

一つは、社会人にとって必要な発想力、ひらめき力、着眼力、推理力、論理思考力などを高めたい――そのような能力開発をしたいという場合であれば、「数学クイズ（パズル）」などが手頃です。いわゆる、「四角いアタマを丸くする」ということです。

私は**図2**のような問題をよく出題するのですが、

ほとんどの人は超難問だと思うようです。いかがでしょうか。しかし、目の付け所を変えると、10秒で解けます。そのためには、視点や発想法、着眼点などを変えることが要求されるので、アタマの使い方を広げます。

このような体験を積んでおくと、仕事で行き詰まったときにも、解決策が出てきやすいのではないでしょうか。通勤電車の中でも楽しみながらアタマのリフレッシュができます。

中学、高校の数学を独学でやり直す

二つめは、中学や高校レベルの数学、たとえば因数分解、方程式、ベクトル、三角関数、微分・積分などを勉強し直したいという場合でしょう。仕事上、必要になったケースが多そうです。そういう場合は、本を読んで理解できれば十分で、わざわざ問題まで解く必要はないと思っています。

以前なら、教材といえば書店で参考書を買うか、娘の教科書を借りて読むぐらいでした。それがいまでは、NHKの高校講座や放送大学のテキスト、MOOC（ムーク）と呼ばれる無料のオンライン授業、さらにYouTubeでも数多くの数学のコンテンツが揃っています。

YouTubeの長所は繰り返し動画を見られることなので、社会人の独学には向いています。ただ、レベルも、教え方も、目的も千差万別ですから、最初の数分を見て自分に合っていると思うものを選んでください。

ポイントは「おもしろい！」と感じられるものを選ぶことです。社会人の独学でいちばん大切なことは「継続できるかどうか」なので、おもしろくなければ続きません。極端なことを言えば、アイドルが積分を解くようなチャンネルもありますので、そうした動画の視聴を入り口にしてもかまいません。要は、続けるためのおもしろさを見つけることです。

微分・積分の独学は「イメージすること」

仕事で数学をやり直す場合、微分・積分と統計学がとくに求められているようです。私のもとにも、「どうすれば微積分がわかるようになりますか？」という問い合わせがよくあります。

答えは、「イメージをもてるように勉強すれば理解しやすくなる」というものです。

積分というのは面積や体積を求めることですが、イメージをもてるとラクになります。

図3　ハムの塊と微分・積分

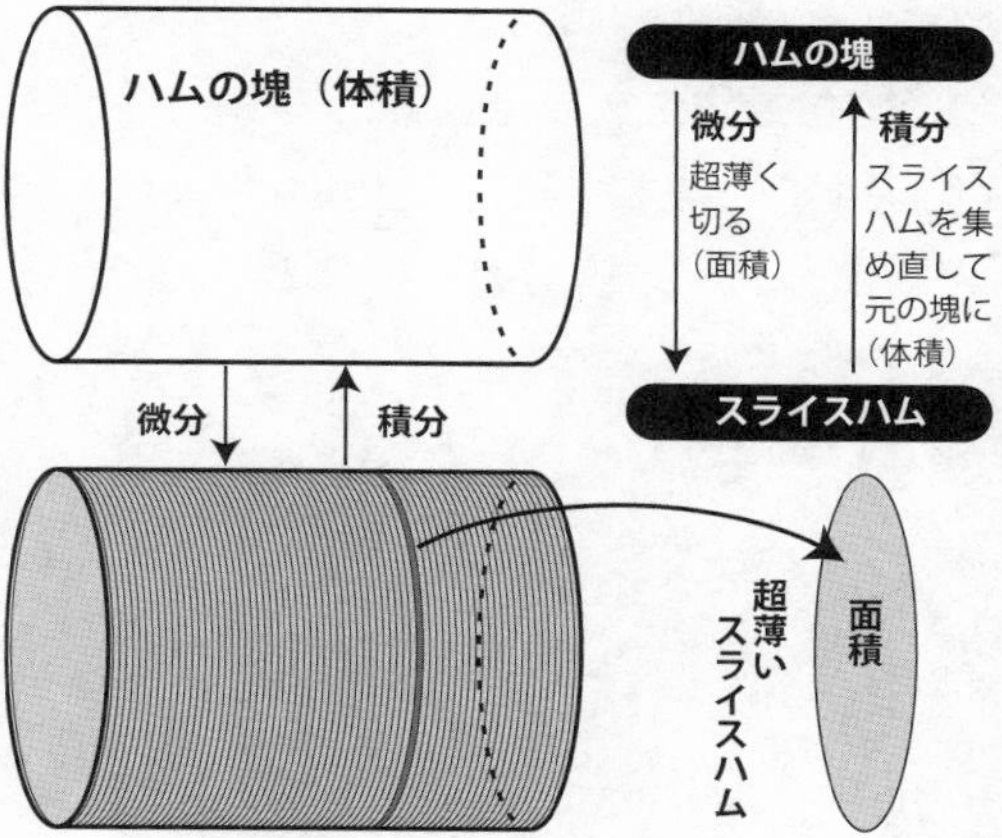

細い線を多数集めると、面積になると考えていいし、薄くスライスされたハムをたくさん集めれば「ハムの塊」になり、体積を考えられるでしょう。それを図に描いてみれば、積分のイメージがだいたいつかめます。

逆に、ハムの塊を薄く薄く刻んでいくと、スライスハムになります。つまり、体積をスライスして面積で分析するのが微分なのです。こうなると、「微分と積分とは互いに逆の関係にある（逆操作）」ことをイメージでき、直観的な理解に役立ちます（**図3**）。

他にも、人間をCTで輪切り撮影すると、1枚1枚のCT画像（微分）に分解でき、そのCT画像を多数集めれば体や頭全体（積

図4　山頂と谷底

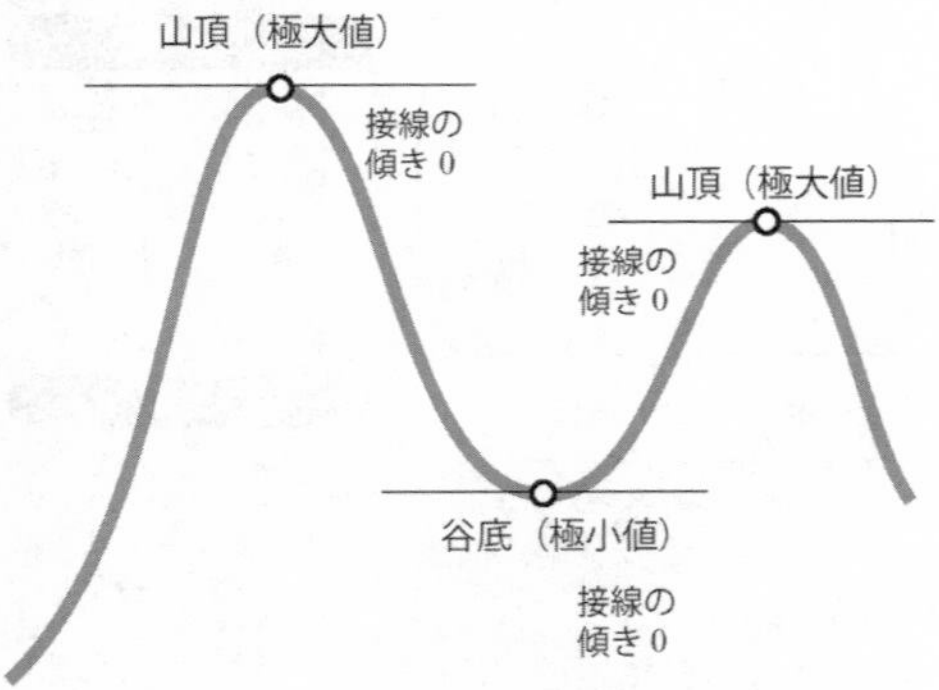

分）を構成できます。

微分というのは「接線の傾き」を求めることです。曲線のいろいろなところに接線を引くと、その傾きが0になる箇所があります。そこは曲線のなかでいちばん凸なところ（極大値）、あるいは凹んでいるところ（極小値）で、これは株をやっている人にとっては売り時・買い時と見ることもできるはずです（図4）。

このように、グラフを描きながら見ていくと、微積分のイメージが湧いてくると思います。

統計学はどう独学するのか

統計学は、いまやビジネスパーソンの必須アイテムとされているようですが、40代、50代以上の方というのは、学校では統計学にほとんど接していません。つまり、統計学を勉強しようとすると、初めから最後まで「完全独学」を強いられるのです。むずかしいはずです。

もう一つ、統計学の習得がむずかしいと思う理由は「方程式や微積分のような数学とはかなり異質の数学」という点です。方程式や微積分では、通常、答えが一つに決まります。ところが、統計学の場合は「確率」的な形で判断される点が、なじみにくさを感ずる原因の一つだろうと思っています。

一例をあげると、①紅茶を入れてからミルクを注いだときと、②ミルクを入れてから紅茶を注いだときとでは、ふつう、味は変わらないと思うでしょう。ところが、「①と②とでは味に違いがあって、私はその違いを言い当てられる」という人がいた場合、統計学ではどう考えるのでしょう。

もし、実験をして5回連続で当てたとすると、偶然、すべて当てられる確率は1／32（1／2を5回掛ける）、つまり3％程度の非常に小さなことです。統計学では通常、5％のラインで判断するので、「偶然のことではない（本当のことを言っている）」と結論づけるのです。

統計学の独学にはこのような統計学に特有の考えに慣れることが必要なように思います。

ちょっと高度なチャレンジ法

三つめは、数学の得意な人向けの独学法です。「数学がもともと好きで、高校数学レベルなら一定程度の自信もある。ただ、また教科書と同じことをやっても発展性がないから……」という人です。そんな方にお薦めなのが、原典にチャレンジしてみるという方法です。

たとえば、デカルトの『幾何学』は文庫本で読めますし、オイラーの『無限解析』は5000円程度と高価ですが、いまでも出版されていて、微分・積分のよい教科書といえます。オイラーの原典にあたると、x^3やx^4という表記はしていても、x^2とは書かずにxxと記述している箇所が多いなど、当時の表記法に触れることもできます。

統計学であればフィッシャーの『実験計画法』もあります。このなかには前述したミルクティーの話も載っています。和算なら吉田光由《よしだみつよし》の『塵劫記《じんこうき》』も文庫本でそのまま楽しめます。

ただ、ユークリッドの『原論』、ニュートンの『プリンキピア』については定義や命題が続き、楽しみたい人には向かないかもしれません。

数学史から入っていく方法も

独学するための方法として、数学史から入ってみる、という方法もあります。数学の教科書や参考書がどう書かれているかというと、多くの数学者が紆余曲折の末にやっと到達したものを、「到達点」からきれいに説明する形がとられています。そのため、どうしてそんな考えが出てきたのか、なぜこうすると解けると思いついたのか、なぜそんなことを問題にしたのかなど、当時の数学者が試行錯誤したことについては一切触れられていません。「完成されたもの」として一分のスキもなく書かれているのです。読む側としてはわかりにくいはずです。

その点、数学史の本を読むと、その時代の状況、数学者が抱えていたこと、方程式や微積分がどう発展したかなどがそれぞれ関連付けられ、興味をもつことができます。

2次方程式の「解の公式」は学校でも習いましたが、16世紀のヨーロッパでは方程式を解き合う数学の他流試合（決闘）があって、カルダーノやタルタリアなどが活躍していました。勝つと賞金がもらえたり、名声を得て大学教授に招かれたりすることもあったようです。

その決闘を通じて、３次方程式、４次方程式の解の公式も発見されたのですが、どうしても5次方程式の解の公式が見つからない。それもそのはずで、３００年後、ノルウェーのアーベルが「５次方程式の解の公式は存在しない」ことを証明して決着がつきます。同時代のガロアがこれを発展させて「群」を考え、さらに近代代数という新しい数学のジャンルを切り開きます。

微分・積分の発展なども同様です。ニュートンやライプニッツが微分・積分の開祖と説明されることが多いのですが、後にさまざまな人たちが応用を通じて発展させたおかげで、微分・積分は現在の教科書に書かれているような形になったのです。

幾何、代数、微積分（解析）、統計学などの歴史をざっくりとでも読んでおくと、数学への興味も増し、独学への励みにもなると思います。

図5 正多面体

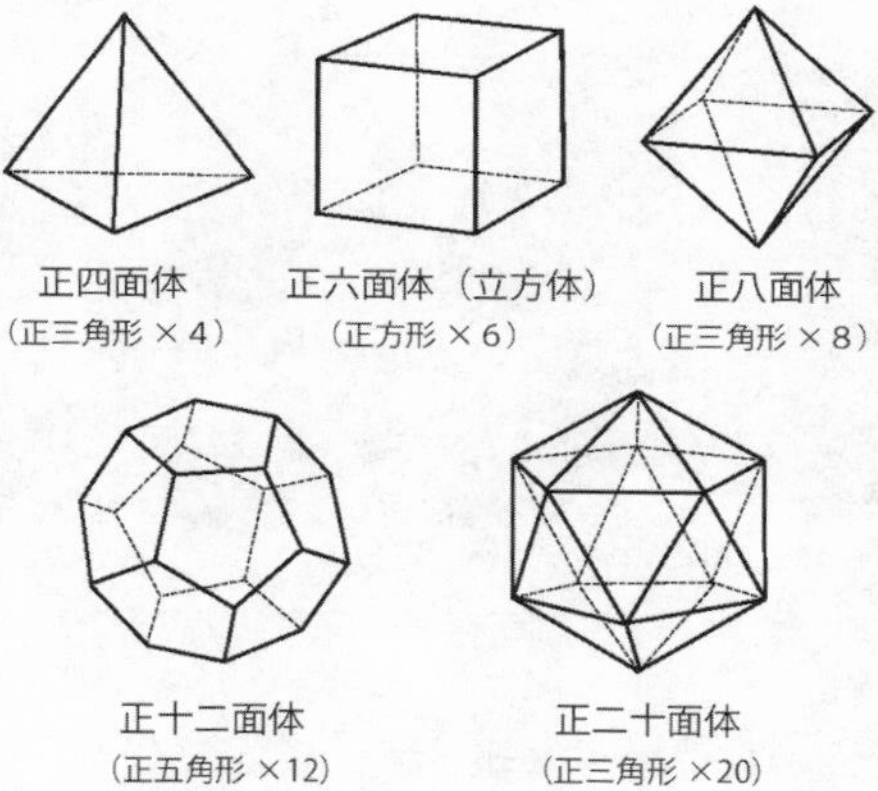

子どもに「数学好き」になってもらう

数学の独学法とは少し離れますが、自分の子どもにも小さい頃から数学に親しんでほしいという場合もあります。

私は2006年からパナソニックと協力して、子どもたちに数学のおもしろさを体験してもらうために「リスーピア」という活動をしてきました。リスーピアは、子どもたちの理数系離れに危機感を抱いたパナソニックの中村邦夫社長（当時）が、理科・数学への関心を少しでも高めてもらいたいということで始めたものです。

しかし、私も含めて数学者というのは講義の形式で話をしがちで、そうなると、子どもたちはすぐに飽きてしまいます。そこで考えたのが、

図6　正十二面体の地球儀

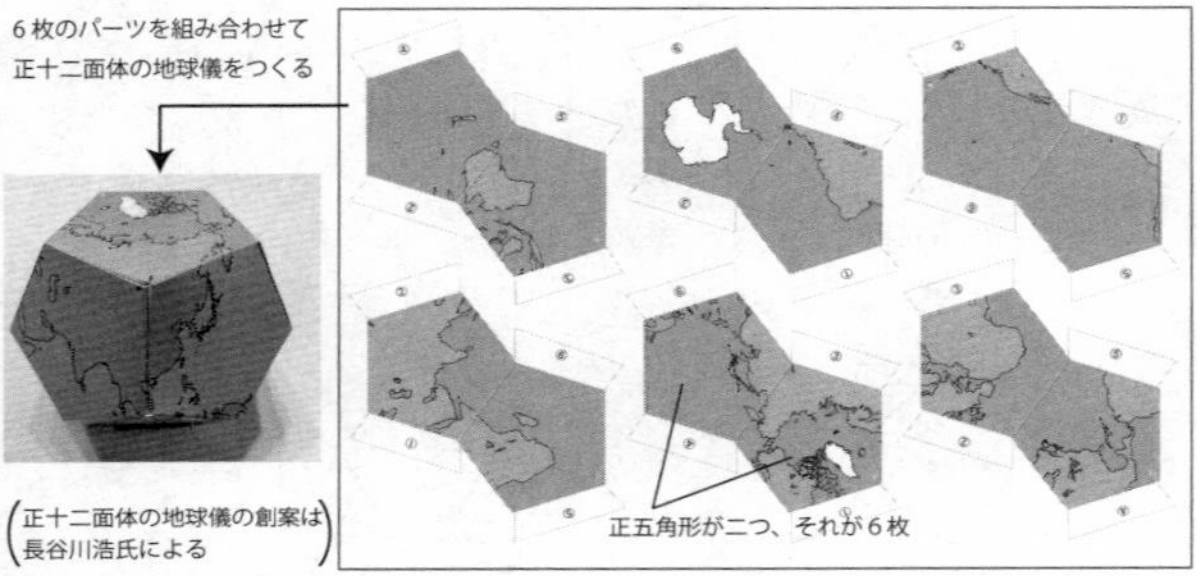
6枚のパーツを組み合わせて
正十二面体の地球儀をつくる
（正十二面体の地球儀の創案は
長谷川浩氏による）
正五角形が二つ、それが6枚

パズルやクイズ的なもの、あるいは工作のようなことです。

工作の一つに「正多面体」があります。正多面体というのは全部で五つしかなく、正四面体、正六面体、正八面体、正十二面体、正二十面体となります（図5）。

たとえば、正十二面体を組み立てて、その構造をわかってもらう場合、子どもたちに作図から切り出し、組み立てるまでを自分の手で行ってもらうのが理想です。しかし、2時間でそれらを終えるのはむずかしいため、事前に台紙を用意し、さらに組み上がったら地球儀になるとか、きれいな模様になるなどの工夫をして子どもたちに楽しんでもらいます（図6）。

子どもの算数とか数学という場合、すぐに「計算をさせよう」と考える人が多いのですが、こうした幾何

図7　風船が六角形になる

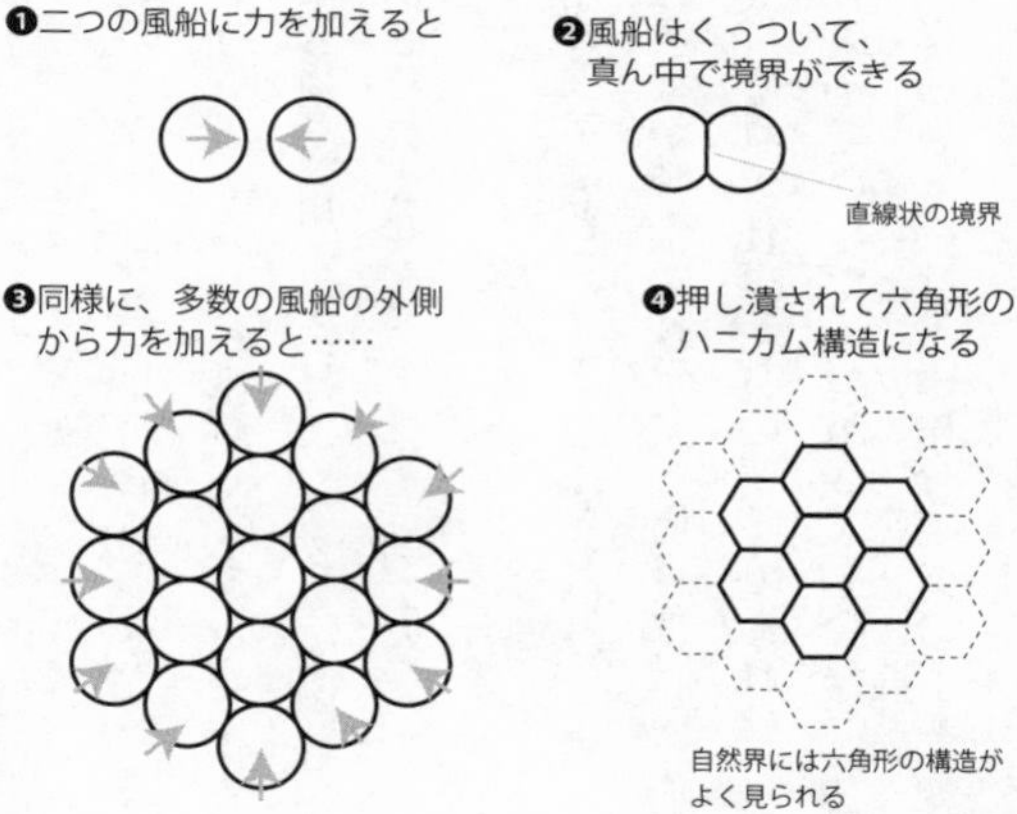
❶二つの風船に力を加えると
❷風船はくっついて、
真ん中で境界ができる
直線状の境界
❸同様に、多数の風船の外側
から力を加えると……
❹押し潰されて六角形の
ハニカム構造になる
自然界には六角形の構造が
よく見られる

学的な遊びというのは、子どもの空間感覚を育てるとか、分解する力、総合する力を育むという意味では、有効な手段だと思っています。

幾何学の教材は身近にいくらでもあります。たとえば蜂の巣は六角形ですし、鮎の縄張りも六角形になると言われています。ビジネスでは、効率的な支店網づくりも六角形です。

では、なぜ、六角形になるのでしょうか？

そこで風船をいくつか集めてギューッと外から押してやると、円が六角形に早変わりします。そうすると、ハニカム構造というのは自然な形なんだと感覚的にわかります。これは空間を効率的に充填《じゅうてん》する方法なのです。ただ、風船でつくるのは大掛かりになるので、絵で描くだけでも十分にイメージが伝わると思います（図7）。

このように遊びのなかで数学感覚を養っていると、「自然界のバックには数学がある」ということを自然に理解してもらえます。そうすると、子どものほうが勝手に調べ始め、「山の稜線や川の蛇行はフラクタル図形なんだよね」などと言ってきて、親をあわてさせるかもしれません。

数学の独学はどこから入ってもいい

社会人が数学を独学する場合は、興味をもったところから入っていけばいいと思います。もし、それが仕事からの要請であれば、自分の抱えている問題を解決できる数学ジャンルから入っていって、わからなくなったら隣のジャンルへ、さらに隣へと見ていきます。

数学というのは、微積分、ベクトル、複素数、三角関数など多数のジャンルからできているように見えますが、基本的には一つです。だから、入り口はどこでもいいのです。

もう一つ言えることは、数学で独学を成功させるには、長続きできること。そのためには、おもしろく感じないと継続できません。だから、必要性から入るか、あるいは楽しいところから入るか、原典から入るかといった入り口には関係なく、続けていってもらえれば、自然界の背後に隠れた解答を導き出したときの達成感を知り、数学の楽しさをわかってもらえるものと考えています。

どこからでもかまいません。まず、最初の一歩を進み始めてください。

構成・文＝畑中 隆

図2の解答

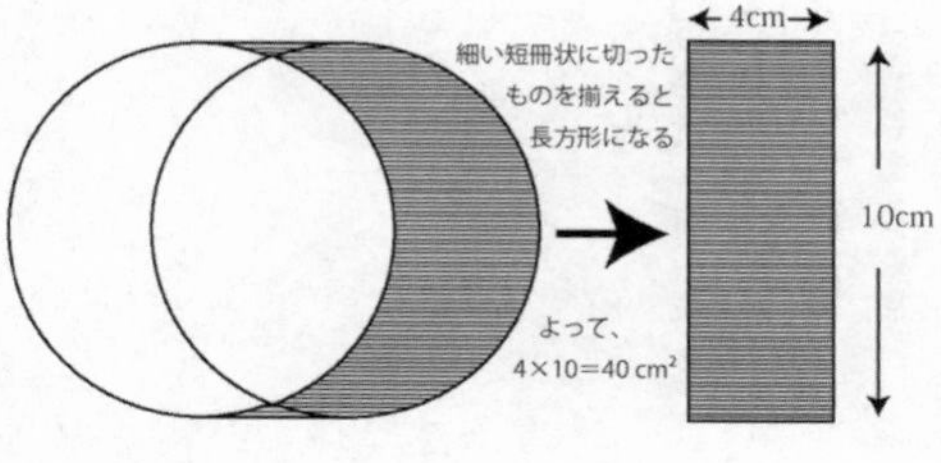
4cm
細い短冊状に切ったものを揃えると長方形になる
10cm
よって、
4×10=40 cm²

深川峻太郎
ライター、編集業

私はなぜ相対性理論を独学したのか

ふかがわ しゅんたろう　ライター、編集業。一九六四年、北海道生まれ。早稲田大学第一文学部文芸専修卒業。ライターとして雑誌連載、フリーの編集スタッフとして二〇〇点以上を手がける。編集協力した『宇宙は何でできているのか』(村山斉著/幻冬舎新書)は新書大賞二〇一一、『大栗先生の超弦理論入門』(大栗博司著/講談社ブルーバックス)は第三〇回講談社科学出版賞を受賞。著書に『キャプテン翼勝利学』(集英社インターナショナル)、『アインシュタイン方程式を読んだら「宇宙」が見えた』(講談社ブルーバックス)など。

この世界の摂理を解明するのが物理であるなら、それを語る言語が数学である。もし無数の真理の一つにでも辿り着けるなら、世界が拓《ひら》かれる感覚に浸《ひた》ることが叶《かな》う。自力で数学を学び、物理を追究する文系ライターが、体験者にしかわからない独学の醍醐味を語る。

「宇宙という書物は数学の言葉で書かれている」

しばしばポピュラー・サイエンス系の本などで引用される、ガリレオ・ガリレイの有名な言葉である。しかし、いまでこそシタリ顔で「有名な言葉」などと紹介してはいるものの、私は四五歳になるまでこの言葉を見聞きしたことがなかった。数学も物理もきわめて苦手な「ド文系」を自認する私は、そういう類《たぐい》の本をほとんど読んだことがなかったからだ。ガリレオの言葉で昔から知っていたのは、超がつくほど有名な「それでも地球は動く」だけである（しかも「ガリレオはそんなこと言っていない」という説もあるので、私はガリレオの言葉を何ひとつ知らなかったのかもしれない）。

文系ライター、理系の魅力に踏み込む

そんな私が、四五歳のときに、初めてポピュラー・サイエンス方面の仕事に携わることになった。二〇〇九年のことだ。日本を代表する理論物理学者、村山斉《ひとし》先生の『宇宙は何でできているのか』（幻冬舎新書）の編集をお手伝いしたのである。「なんで私にこの仕事を？」と怪訝《けげん》に思ったが、担当の女性編集者Kさんは、何も知らないド文系人間が関わったほうが、サイエンスライターに任せるよりもわかりやすくなると考えたらしい。

そのとき村山先生から教わったのが、冒頭の名言だ。もしこれを一〇代の頃に教わっていたら、私は数学や物理の勉強を放り出すことなく、理系の道に進んでいたかもしれない。

というのも、高校時代の私は、そもそも物理学が宇宙の謎を解き明かそうとする学問だなんて知らなかった。斜面を転がるボールの加速度（ただし摩擦力は無視する）だの、滑車や振り子の働きだの、作用と反作用だのと言われても、そんなことの何が面白いのかさっぱりわからない。きっと機械を設計する人なんかには役に立つお勉強なんだろうけどさぁ……ぐらいの認識である。実用的な知識という印象しか抱かなかったので、小学校の図画工作や中学校の技術家庭なども嫌いだった不器用な私は、物理にまったく学習意欲を持

てなかった。

当時はそんな言葉も知らなかったが、高校時代の私は、物理学をいわば「工学」的なものだと思い込んでいたのだろう。「科学技術」という言葉でいっしょくたに語られるせいで、サイエンスとテクノロジーを混同する人は多い。私もそのひとりだったわけだ。

村山先生の企画も、Kさんから最初に聞かされた仮タイトルは『素粒子物理学入門』だったので、宇宙の話だとは微塵も思わなかった。なにしろド文系だから、そもそも素粒子と微粒子の区別もついていない。ミクロの技術で医薬品なんかをつくる「ナノなんちゃら」的な素材の話かしら……ぐらいの認識である。物を知らないにもほどがあるが、やはり実用的というか工学的というか産業的というかイノベーティブというか、とにかくモノヅクリ方面のテーマなのだろうと思い込んだのだった。

ところが、である。手始めに村山先生の講演会を聞きに行ったら、いきなり宇宙の話が始まるじゃありませんか。何かの間違いではないかと思って、ひどく狼狽《ろうばい》したものだ。

それでもともかくお話を拝聴していると、これがめっぽう面白い。素粒子とは、物質の基本単位のことである。原子を構成する陽子や中性子よりもはるかに小さいから、「ナノ

原子からクォークまで

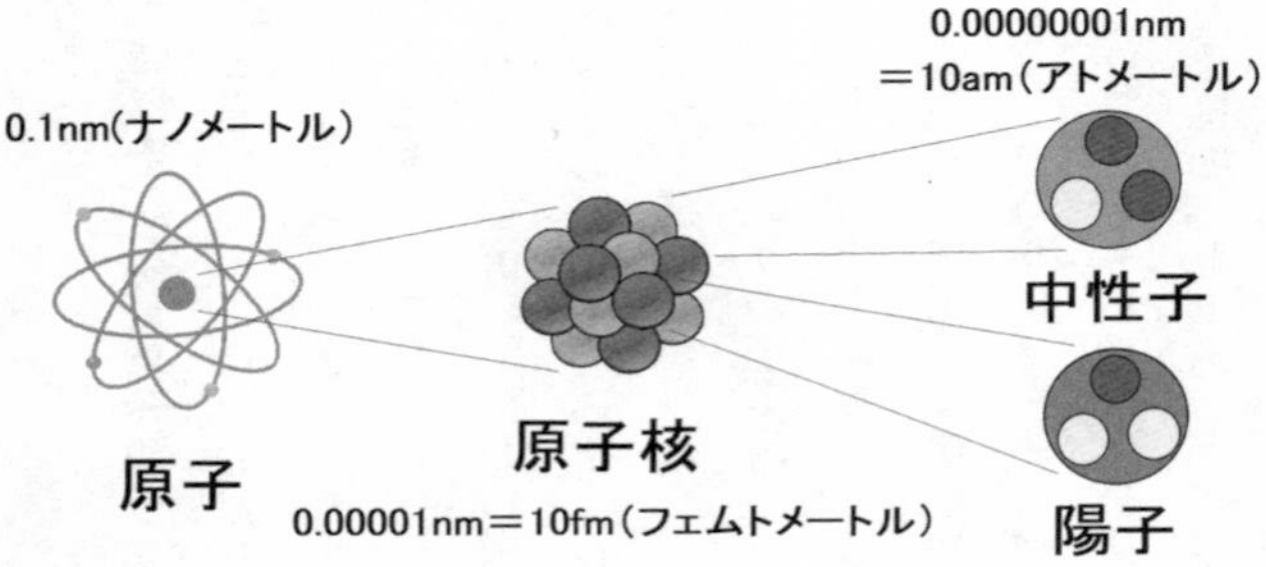

○はアップクォーク、●はダウンクォーク
クォークのサイズは 0.0000000001nm以下

なんちゃら」どころの騒ぎではない。ナノメートルは一〇のマイナス九乗メートルだが、現時点でいちばん小さいと考えられているクォークという素粒子は大きく見積もっても一〇のマイナス一九乗メートルというオーダーだという。私の身長と東京スカイツリーの高さだって二桁しか違わないのに、ナノなんちゃらと素粒子は一〇桁もサイズが違うのだ。そういう物質の根源を探るのが、素粒子物理学なのだった。イノベーションとは、とりあえずまったく関係ない。

起源の問いかけはエンターテインメント

その素粒子物理学がどうして宇宙と関係するのかといえば、ビッグバンで誕生した宇宙がどんどん膨張している（つまり宇宙には「始まり」があった）からだ。ずっと膨張し続けているのだから、生まれた当初はものすごく小さかったはずである。この世にそれより大きいものが存在しないのが宇宙だが、誕生の瞬間は、それはもう「無」に限りなく近いほど小さかった。これはまさに素粒子の世界である。そんなわけだから、宇宙も物質もその根源は素粒子なのだ。

何であれ、物事の起源や根源はわれわれの好奇心を刺激せずにはおかない。この地球は、その地球に存在する生物は、その生物の一種であるわれわれ人類は、いつ、どのようにして生まれたのか。それを知ってどうするのかよくわからないが、とにかく起源を知りたくて知りたくてたまらないのが人情というものだ。

そして、あらゆる「起源への問い」は宇宙の始まりに行き着く。宇宙が始まらなければ、何も始まらない。その宇宙の成り立ちを解明せんとする物理学は、われわれ人類という知的生命体にとって、究極の知的好奇心を満たす学問と言えるだろう。この謎を追究しなければ、知的生命体として生まれた甲斐《かい》がない。

ならばそれは、いわば人類にとって最高のエンターテインメントではあるまいか。村山先生の本がベストセラーになったこともあって、私はそれ以降も相対論とか量子論とかインフレーション理論とか暗黒物質とか超弦理論とかニュートリノとか加速器実験とか原始重力波とかを取り上げる物理学の入門書を次々と手がけたが、どれも「このセカイはそんなふうにできている（かもしれない）のか！」と、心底からコーフンできる一級品の娯楽だった。

理系を敬遠しなければ……

そうやって感動する一方で、私は失われた「理系の青春」を大いに悔やんだ。何だよ、物理ってこんなに刺激的なものだったのかよ。だったら、最初からそう言ってくれよ。そうと知っていたら、俺だって高校の物理にもっと真面目に取り組んだよ。宇宙を読み解くのに欠かせぬ言葉だとわかっていたら、数学だって面白がって勉強したと思うぞ。

　さまざまな仕事を通じて物理学に対する理解はそれなりに深まったものの、一般向けの入門書は「数式ナシの説明」がお約束だ。専門家が嚙《か》み砕いてタテガキの日本語に変換してくれた説明だけだから、宇宙がどんな「数学の言葉」で書かれているのかは、それだけではまったくわからない。じつに残念である。若い頃にもっと勉強しておけば、仕事で知り合った物理学者のみなさんとも数式を見ながらより深い対話が楽しめたはずなのだ。

しかし考えてみると、勉強するのはいまからでも遅くはない。無論、いまさら大学の理学部を受験して物理学者を目指すのは無理だ。社会人の独学といえば、ふつうはキャリア形成や資格取得やスキルアップといった自己研鑽《けんさん》（およびその結果としての出世や成功）を目的にするのだろうが、私が物理や数学を勉強したところで、そんな御利益が得られるわけがない。

でも、たとえば音楽は聴くだけでも楽しいけれど、ちょっと自分で楽器を習ってプレーヤーの真似事《まねごと》をしてみると、ミュージシャンにはなれないまでも、プロの凄《すご》さがわかるようになる。すると、聴くのがより楽しくなるわけだ。物理学というエンターテインメントをより深く味わうには、真似事レベルで「数学の言葉」を学んでみるのも一興だろう。

そう思い立った私は、二〇一五年、五一歳のときに、「アインシュタインの一般相対性理論を数式で理解してやろうじゃないか」という突拍子もない挑戦を始めた。その六年におよぶ苦闘を体験型ドキュメンタリーとして書き下ろしたのが、二〇二一年五月に上梓し

$$R^{\mu\nu} - \frac{1}{2}Rg^{\mu\nu} = \frac{8\pi G}{c^4}T^{\mu\nu}$$

一般相対性理論では、重力によって時空が曲がると考える。その重力方程式(アインシュタイン方程式)が表すのは、左辺が時空の曲がり具合、右辺は重力源の大きさだ(つまり重力が強いほど時空は大きく曲がる)。筆者の6年間にわたる勉強では、右辺の係数8πG／c^4の導出がクライマックスだった。

た『アインシュタイン方程式を読んだら「宇宙」が見えた〜ガチンコ相対性理論』(講談社ブルーバックス)である。広義の「入門書」ではあるが、入門するのは読者ではなく著者。しかも、理系本の権威として知られるあのブルーバックスの中でもあまり見られない分量の数式の嵐。自分で言うのも何だが、かなりイカレた奇書だと思う。

理系独学の深みにはまる醍醐味

さすがにド文系のおっさんがひとりで勉強するのは不可能なので、仕事で知り合った高エネルギー加速器研究機構(KEK)広報室の「しょーた君」こと髙橋将太さんにガイド役をお願いして、ふたりで取り組んだ。とはいえ、微積分や線形代数(ベクトルと行列)などの基本から全部いちいち教わるわけにもいかないので、自分でアレコレ教科書を探して独習した部分もかなりある。アインシュタイン本人さえ苦労して勉強したリーマン幾何学などの超高度な数学を駆使している相対性理論を学ぶのに、「微分って何?」から始めるあたり、無理・無茶・無謀の三無主義としか言いようがない。

でも、わからないことがあるたびに教科書を物色して手に入れ、書棚がどんどん理系色に染まっていくのは、それだけでうれしかった。楽器を習い始めた初心者が、まったく弾けないピカピカのギターを部屋に飾ってニマニマするような感じでしょうか。何年かすると「相対性理論」と書かれた背表紙は見飽きてしまったが(そういう本だけで一〇冊ぐらいある)、勉強を進めるにつれて『弾性体と流体』(恒藤《つねとう》敏彦、岩波書店)みたいなマニアックなアイテムが追加されていくと、「嗚呼《ああ》、俺はとうとうこんなものにまで手を出してしまったのか……」と、ディープな世界にズブズブと踏み込んでいく自分にウットリするのだった。独学のヨロコビここにあり、だ。新しい風景は、人生をリフレッシュしてくれる。

もちろん、通常業務も忙しいので、勉強時間はなかなかつくれない。あまり間が空くと前に勉強した内容を忘れてしまい、「三コマ戻ってやり直し」みたいなことにもなるから大変だ。しかし忙しい中でやっているからこそ、ポッカリと二~三週間ほど暇になり、

「しばらくは相対論の勉強だけしていればいい！」という状況になったときの解放感は格別だった。勉強は自由の象徴でもある。

当然ながら（と言っては入門書の著者として無責任かもしれないが）、最後までわからないこともたくさんあった。なにしろアインシュタイン方程式を読むためには、その前提として、測地線方程式、オイラー＝ラグランジュ方程式、ポアソン方程式といった見たことも聞いたこともない別の方程式を読まなければならなかったりする。そんな方程式地獄をズタボロになりながら突破した先にあるのが、アインシュタイン方程式なのだ。いや、まあ、突破できずに迂回《うかい》したところも多々あるわけですが。

それに加えて、ニュートン力学はもちろん、電磁気学だの解析力学だの流体力学だの、基礎知識として踏まえておかなければならない物理学の分野も多岐にわたる。なるほど理系の学問は基本からの積み重ねが大切なのだな、と、身をもって痛感させられた。やはり本当は高校生ぐらいから始めるべきなのだ。

しかし、高校時代にその道から離脱して以来、ほぼ四〇年ぶりに「数学の言葉」と戯れ、式変形をくり返しながら両辺を等号でつないでいく作業は楽しかった。かの有名な特殊相対性理論の式「$E=mc^2$」や、アインシュタイン方程式の右辺に出てくる係数を導出する計算では、血湧き肉躍るような激情が噴出したものだ。ギター初心者が、大好きなミュージシャンの有名なソロ（たとえばイーグルス〈ホテル・カリフォルニア〉のアレとか）を完コピできたときのような感動がそこにはあった。やはり、勉強はエンターテインメントなのである。

役に立ちそうもないものの価値

「数学なんて、社会に出てから何の役にも立たないでしょ」――数学を勉強したくない中高生がよく口にする紋切り型だ。いや、中高生だけではない。大阪方面で首長を歴任した元タレント弁護士が「三角関数なんて大人になってから使ったことがない（だから全員に教える必要はない）」という趣旨の発言をして物議を醸《かも》したこともあった。

　それが多くの人にとって「役に立たない」「使わない」という指摘は、決して間違ってはいないだろう。三角関数や微積分を知らなくても、生きていくのにそんなに困ることはない。

だが、役に立つかどうかだけで勉強の意味を語るのは野暮というものだ。一般的に、勉強と遊びは水と油、二律背反、トレードオフみたいな関係だと見なされており（遊んでばかりいないで勉強しなさい！）、生きていく上で役に立つのが勉強、面白いだけで役に立たないのが遊びということになっているわけだが、役に立たない遊びとしての勉強だってあり得る。そして、そのほうがはるかに楽しい。

それに、「数学なんて社会で役に立たない」と嘯《うそぶ》き、キャリアアップみたいな現世利益《げんぜりやく》につながる勉強にしか意味を見出せない人々は、基礎科学に対しても「それは何の役に立つの？」と聞きたがるのではないだろうか。ヒッグス粒子やニュートリノ質量や重力波など「何だかよくワカラナイもの」の発見がノーベル物理学賞を受賞すると、必ず「それ、何の役に立つんだよ」と冷笑的に問いかける者が現れる。やはりサイエンスとテクノロジーを混同しているのだろうが、これは、ノーベル文学賞の受賞者に「あなたの作品は何の役に立つのか」と問うのと同じぐらい意味がない。

よく引き合いに出される話だが、マクスウェルの電磁気学でその存在が予言されていた電磁波を一八八八年に発見したヘルツは、実験に立ち会った学生に「これは今後、何の役に立つのですか?」と問われて、こう答えたという。

「たぶん何もない。これは単にマクスウェル先生が正しかったことを証明しただけの実験だ」

世紀の大発見をした物理学者は、現世利益になどまったく関心がなかったわけだ。いまや人類は電磁波なしで暮らせないほどそれを役立てているが、それは結果論。いまの日本社会には、「選択と集中」と称して役に立ちそうな研究にばかり資金を投入する傾向があるが、そんな当たり馬券だけ欲しがるようなやり方では、電磁波は発見されなかったかもしれない。

ちなみにアインシュタインの一般相対性理論も、いまはGPSの精度を高めるのに役立っている。相対論に基づく計算によって時間のズレを補正しないと、地図の距離が一日に一二キロメートルぐらいズレてしまうそうだ。しかし、もちろんアインシュタインはそんなお役立ちのために理論を考えたわけではない。相対論を生んだのは、「光や重力の本質は何なんだ?」という好奇心である。そういうサイエンスを(どうせ何の役にも立たないだろうと承知の上で)山ほど積み重ねていると、何かの拍子にそれがテクノロジーと結びついてイノベーションが起こるわけだ。

文系ライターの果てしない理系探究

そういえば、私の無謀な勉強も、結果的にひとつだけ役に立ちそうなスキルを私に与えてくれた。というのも、ライターとしてふだん使っているふつうのテキストエディターでは、数式をまともに書くことができない。そこで必要になるのが、「LaTeX（ラテフ）」なる電子組版のソフトウェアだ。理工系の研究者たちも、ほとんどがそれで論文を書いている。

私も今回、その使い方を懸命に習得して、数式まみれの原稿を仕上げた。決められたコマンドをタイプして変換すると、複雑な数式記号がきれいに出てくる。なかなか面白い。プロの研究者と同じツールを使って仕事をしているのがうれしくて、つくった数式画像をフェイスブックに投稿し、「こんなのできるんだぜ〜」と自慢したことも一度や二度ではなかった。ここでも別の意味で「数学の言葉」を身につけたようなものだ。おかげで仕事の幅が少し広がった。LaTeX を使える文系ライターは稀少だろう。今後、数式含みの原

```
\begin{align}
\label{342}
& \frac{d}{du} \pdv{ L^{2} }{ \dot{x} } - \pdv{ L^{2} }{
x }
= \frac{d}{du} \pqty{ \pdv{ \dot{x}^{\mu} } g_{\nu
\lambda} \dot{x}^{\nu} \dot{x}^{\lambda} }
- \pdv{ x^{\mu} } \pqty{ g_{\nu \lambda} \dot{x}^{\nu}
\dot{x}^{\lambda} } \notag\\
& \quad = \frac{d}{du} \pqty{ 2 g_{\mu \nu}
\dot{x}^{\nu} } - \pqty{ \partial_{\mu} g_{\nu \lambda}
} \dot{x}^{\nu} \dot{x}^{\lambda} \notag\\
& \quad = 2 g_{\mu \nu} \ddot{x}^{\nu}
+ 2 \pqty{ \partial_{\lambda} g_{\mu \nu} }
\dot{x}^{\nu} \dot{x}^{\lambda}
- \pqty{ \partial_{\mu} g_{\nu \lambda} } \dot{x}^{\nu}
\dot{x}^{\lambda} \notag\\
& \quad = 2 g_{\mu \nu} \ddot{x}^{\nu}
+ 2 \dot{x}^{\nu} \dot{x}^{\lambda} \Bqty{ \frac{1}{2}
\pqty{ \partial_{\lambda} g_{\mu \nu} + \partial_{\nu}
g_{\mu \lambda} - \partial_{\mu} g_{\lambda \nu} } }
\end{align}
```

$$
\begin{aligned}
& \frac{d}{du}\frac{\partial L^2}{\partial \dot{x}} - \frac{\partial L^2}{\partial x} = \frac{d}{du}\left(\frac{\partial}{\partial \dot{x}^\mu} g_{\nu\lambda}\dot{x}^\nu \dot{x}^\lambda\right) - \frac{\partial}{\partial x^\mu}\left(g_{\nu\lambda}\dot{x}^\nu\dot{x}^\lambda\right) \\
& \quad = \frac{d}{du}(2g_{\mu\nu}\dot{x}^\nu) - (\partial_\mu g_{\nu\lambda})\dot{x}^\nu\dot{x}^\lambda \\
& \quad = 2g_{\mu\nu}\ddot{x}^\nu + 2(\partial_\lambda g_{\mu\nu})\dot{x}^\nu\dot{x}^\lambda - (\partial_\mu g_{\nu\lambda})\dot{x}^\nu\dot{x}^\lambda \\
& \quad = 2g_{\mu\nu}\ddot{x}^\nu + 2\dot{x}^\nu\dot{x}^\lambda\left\{\frac{1}{2}(\partial_\lambda g_{\mu\nu} + \partial_\nu g_{\mu\lambda} - \partial_\mu g_{\lambda\nu})\right\} \qquad (7.13)
\end{aligned}
$$

筆者が愛用するオンライン・LaTeXエディター「Overleaf」による数式作成の一例。上のようなソースが下の数式に変換され、同時に式番号も管理される。

稿がご入り用の際は、どしどし私にご用命ください！

ともあれ、役に立ちそうもない基礎科学から大きな技術革新がスピンアウトすることもあるのと同様、ただの遊びとして始めた勉強が思ってもみないところで役に立つこともある。強い目的意識を持って「今後のキャリア形成には何が役に立つか」「自分には何のスキルが必要か」などと勉強のテーマを選ぶのもいいけれど、とりあえず「これ面白そう」と好奇心の赴くままに勉強を始めるのも悪くない。

最後に、拙著に寄せられた寸評を紹介しよう。かつて村山先生の企画を私に持ちかけ、この分野に足を踏み入れるきっかけをつくってくれたKさんの言葉だ。

「なんとも酔狂な本だよね（笑）」

まったく正しい。伊達《だて》や酔狂で独学を遊ぶ人々が増えることが、サイエンスのさらなる発展につながると私は信じている。

角幡唯介
作家、探検家

冒険と独学

かくはた ゆうすけ　作家、探検家。一九七六年、北海道生まれ。開高健ノンフィクション賞、大宅壮一ノンフィクション賞、新田次郎文学賞、講談社ノンフィクション賞など受賞歴多数。二〇一八年に『極夜行』（文春文庫）でYahoo! ニュース―本屋大賞2018年ノンフィクション本大賞、大佛次郎賞受賞。主な著書に、『空白の五マイル』（集英社文庫）、『新・冒険論』（インターナショナル新書）、『狩りの思考法』（清水弘文堂書房）などがある。

危険な未知の世界に足を踏み入れる冒険者。
彼らは道程で求められる様々なノウハウをどのように学ぶのだろう。
既存のシステムの外へ飛び出す脱・システムを提唱した探検家が語る、冒険の学び方とは。

北緯八〇度から八一度にかけてよこたわる、グリーンランド北部の巨大な陸塊《りくかい》ワシントンランド。中央を二本の谷が南北につらぬき、北極海からの強烈な北風がふきぬける峻厳《しゅんげん》な大地である。

コロナ禍が世界を席巻していた二〇二〇年四月、私は、世界がそんなことになってしまっているとはつゆ知らず、この人跡も稀《まれ》な極北の大地に、二年ぶり二度目の上陸をはたしていた。

同じ場所にやってきたとはいえ、前回と決定的にことなる点がひとつあった。それは犬の数が一二倍に増えたことだ。

二年前にこの地にやってきたとき、私は一頭の犬とともに、自分で橇《そり》を引き旅をしていた。しかし二度目となるこのときは、自分で橇を引くのはもうやめて、鞭《むち》をふりながら一

ワシントンランドの東の谷を遡ると広大な湖に出た。こういう雪のないツルツルの氷は、ふんばりがきかず、犬は橇を引くことができない。

二頭の犬をつれて旅をしていた。つまり、人力橇から多頭引きの犬橇に移動スタイルをかえたのである。

　私はそのとき、同ランドをつらぬく二本の谷のうち、東側の谷を移動して、この陸塊を北にぬけようと思っていた。二年前の人力橇《きょう》行《こう》のときは西側の谷をルートにつかったので、この東側の谷がどうなっているのかは、よくわからない。村のイヌイット猟師もここまで足をのばした人はいないし、グリーンランド北岸を犬橇で巡回するデンマーク陸軍の名物部隊シリウスパトロールもルートにしていない。

　内陸の谷間を犬橇で遡行《そこう》すると、丸石がご

ろごろする河原や巨大岩石帯があらわれ、行きづまることが多い。人力橇ならまだなんとかなるが、橇が大きく、積み荷が重たい犬橇は、変なところに迷いこむとまったく動かなくなってしまう。

未知の谷を前に、私は偵察の必要性を感じた。

しかし問題は、数日前からちょこちょこ姿を見せている、つがいの狼だ。

狼は他のイヌ科の動物が縄張りに進入するのを嫌い、近づいてくることが多い。うっかりしていると就寝中に食料や犬の餌をぼりぼりやられることもあり、まったく油断のならない連中である。偵察は半日を要する。橇や荷物はテント場に置きっぱなしにして、歩いてできるだけ遠くまで見に行きたいが、そのあいだに狼がやってきて餌を食われたら、たまったものではない。単独行でこまるのは、こういうときである。

仕方ないので二頭の犬を番犬として橇につなぐことにした。もちろん犬も長旅で腹を空かせているので、信頼できるやつをえらばないといけない。一頭はウヤミリックという、人力橇時代からずっと一緒に旅をしてきた犬をえらんだ。ウヤミリックならこれまで散々こっぴどく叱られてきたので、橇の餌に手をつけることはないはずだ。もう一頭は迷ったが、食が細く、性格的にも慎重なキッピという犬にした。

偵察は無事終了、谷が良好な状態で奥のほうまでつづいていることを確認し、私は犬たちのもとにもどった。そして愕然《がくぜん》とした。

橇のうしろにつないでいたキッピが、橇をおおっていたブルーシートを食い破り、一心不乱にドッグフードを食べていたのだ。前部につないでいたウヤミリックも、かなり怪しい。私の顔を見た瞬間に、あ、やべえ、みたいな顔をしたからである。

当然のことながら私は怒り狂った。ここで寛大な態度をとれば、橇の餌に手をつけてもOKという合図を犬に出すことになり、同じことがくりかえされるからだ。

でも、その一方で、この失敗の原因が、犬ではなく、自分の判断にあることも痛感された。私は犬の個性を見誤っていたのかもしれない。つまり、まだまだ犬橇が下手くそだということだ。

誰に学べばよいかわからない

二〇一九年一月から犬橇をはじめて、これまで三シーズン、のべ一六カ月にわたり、文字通り犬と寝食をともにして悪戦苦闘をつづけてきた。

犬橇の訓練はほぼ完全な独学だ。活動の根拠地であるグリーンランド・シオラパルクはイヌイットの猟師村で、ほとんどの男が犬橇をやっている。まわりは犬だらけという環境だ。これほど犬橇をやるのにめぐまれた場所はないわけだが、にもかかわらず、私は、誰かに犬の扱い方を系統だって教えてもらったことはない。というか、教えてもらおうと思ったこともない。しいていえば犬へのかけ声を学んだぐらいで、あとは見よう見まね、体当たりで実践してきたのだった。

なぜ独学で犬橇をはじめることにしたのか。

じつをいうと、今までそんな疑問をもったことすらなかったのだが、よく考えてみると、いったい誰に、何を教えてもらえばいいのか、それすらよくわからないのである。

たしかに必要な道具の作り方は教えてもらった。犬の胴バンドや引綱、鞭、それに橇といった類のものだ。だが一番肝心な犬の扱い方というソフト面については、結局のところ実践しておぼえる以外にない。

犬橇の訓練とは結局のところ、犬との関係性をどう築くか、という点につきる。

犬は動物であり、人間と同じように個性がバラバラだ。金太郎飴ではないので、共通の鋳型《いがた》があってそこから個体がポンポン生産されるわけではない。賢い犬もいれば、落ち着きのない犬もいるし、すぐ興奮して喧嘩《けんか》をはじめるのもいれば、勝手気儘《きまま》に突然変な方向に走りだすのもいる。

そういう個性豊かでバラバラな性格の犬たちをひとつの集団にまとめあげ、はじめて犬橇という行為は成立する。集団になるには、まず私が犬の個性を把握し、このような状況だとこの犬はこういう動きをする可能性がある、ということをわかっていなければならない。そうしないと、一頭の犬が変な動きをしただけで、他の犬がその動きにつられて、一気に暴走しはじめる危険があるからだ。

犬橇では私は橇のうえから指示を出すので、最終的に行動判断のイニシアチブを握っているのは、私ではなく犬である。私が右に行こうと思っても、犬が左のほうがいいと思ったら、最後はそれにしたがわなくてはならない。犬は犬でスピードにのった状態で咄嗟《とっさ》に判断しながら走っているので、とりわけ乱氷帯のような危険な場所では、犬が勝手に判断してルートを決めるということが連続する。そういうときに、犬の個性を把握して、それそれどのような動きをするのか、それを読めていないと、こわくてとても犬に命を託せない。それをひと言でいえば信頼ということになるだろう。つまり、犬への信頼がなければ、北極のような守られていない環境で長期旅行することはむずかしいのである。

では、どうしたら犬のことを信頼できるようになるかといえば、それは場数を踏むしかない。信頼の対象となるのは、犬という種ではなく、それぞれの犬の個性だ。だから、そこには私とその犬たちとの個別の関係性しかない。マニュアルや決まったやり方は存在しない。時間をかけて、様々なコンディションの環境のなかを走ることで、一二頭いるそれぞれの犬が、そのときどきの私の表情や声色《こわいろ》を読みとり、それをデータとして蓄積し、私の意図を把握できるようになってゆく。私は私で、犬がオレの意図を察知しはじめたな、ということを知るようになってゆく。そうやってお互いが信頼できるようになってゆく。

このようなわけだから、その犬たちとの関係のなかで自分なりの方法を見つける、という独学的実践以外、やりようがない。それは私だけでなく、シオラパルクの村人も皆同じで、メンバーが変わるたびに試行錯誤しながら犬橇に習熟してゆくのである。

独学はハードルが低い

何かをできるようになるには、とりあえずやってみるより他に方法がない。そしてやってみたら、大抵のことはなんとかなるものである。

犬橇のような独学的実践法は、個人的には自分の性分にとてもあう方法論だ。師匠のような人をもち、濃密な人間関係をとおして秘技を伝授してもらう、みたいなのも憧れるが、私のように面倒くさがり屋で、かつなんでも自分でやりたがるタイプの人間には、一人で試行錯誤してやり方を開発するほうが、正直気楽なのである。

もう二五年も登山や探検をつづけてきたが、誰かに何かを教えてもらったという記憶がほとんどない。生来の性分ゆえ、という気もするし、探検部というクラブがそういう組織だったから、という気もする。

探検や登山をはじめたのは、学生時に探検部に入部したことがきっかけだった。山を専門にする山岳部とちがって、探検部は、探検というきわめて曖昧な概念のもとに結集したクラブなので、やるべきことが決まっていない。いったい探検とは何なのか、そこから自分で考え、そして必要な技術を自分で習得しなければならない。

何もやることが決まっていないクラブ（クラブというより〈場〉といったほうが実態にちかい）なので、技術の伝承などされるわけがない。自分なりに探検の方向性が見つかっても、技術のある部員がいないし、いたとしてもおそろしくレベルが低いので、本を読んだり、講習会に参加して独学しなければならない。そもそもが独学前提のクラブなのだ。

入部して一年目に冬山をはじめた。当時の探検部は山スキー全盛で、雪洞の掘り方などの生活技術は学んだが、雪山でのロープワークやアイスクライミングの技術は誰も知らず、よりむずかしい冬山に登るには、独学し、探検部とは別の山の友人をつくる以外に方法がなかった。

沢登りについても同じである。チベットの峡谷地帯の探検を意識するようになってから、私の活動は沢登りが中心になったが、そのときも専門書を読み、文部科学省の登山研修所が主催する学生向けの講習会等に参加し、自分がリーダーとなって簡単な沢からむずかしい沢にじわじわグレードを高め、必要な経験をつんでいった。

そういうやり方が骨の髄までしみこんでいるので、卒業してからも独学して実践するのが普通になっている。

独学の最大のメリットは、何かをはじめる際に尻込みすることがないことだ。誰かに教えてもらうことを前提にことをはじめる場合、やれ山岳会にはいらなければならないとか、やれ師匠を探さなくてはならないとか、いろいろ面倒な手続きを踏まなくてはいけない。それはそれで豊かな人間関係をもたらすものだと思うが、独学前提でやってきた私の場合は、そういう発想すらもってない。やりたい、と思ったら、あとは実践あるのみで、必要におうじて随時やり方を修正すればいいという感覚なので、行動にうつす際のハードルがとても低い。思いついたら、すぐにはじめられる。腰が軽いのが私の最大の強みである。

ここ一〇年のあいだに私は、シーカヤック、狩猟、渓流釣り等をはじめたが、全部独学で、ほぼ、誰にも教えてもらっていない。それでもそこそこのことはできているという自負がある。だから犬橇をはじめるときも同じ調子で、村人に教えを乞おうという考えさえ頭に浮かばなかった。むしろ、私の効率の悪いやり方を見ているうちに、村人のほうが痺《しび》れをきらして、正しい方法を伝授してくれたのだった。

単独行は独学の宝庫

ワシントンランドのことに話をもどそう。

犬にドッグフードを食い荒らされた翌日、私は偵察した谷をたどり、内陸にはいりこんだ。谷は完全に凍結した氷の河となっており、半日で内陸部まで到達することができた。風が強く、海岸にひどい乱氷ができるワシントンランドは、これまで私のなかでは、北進の旅の大きな障害という位置づけだった。それが、この探検でとても快適な移動路を見つけることができ、逆に、高速道路のような性格をもつ正反対の存在に位置づけがかわった。

さらに内陸をうろうろ探検していると、とある小さな谷で麝香《じゃこう》牛や兎《うさぎ》が群れている場所を見つけた。このことも、この土地の位置づけがかわる大きな契機となった。というのも、私もシオラパルクの村人も、ワシントンランドというのは風が強くて植生が育たず、動物がほとんどいない場所だと思っていたのだが、それが誤りだということがわかったからである。狼がうろついている時点で、獲物となる動物がいることはわかっていたが、それを見つけることができたのだ。

これは私にとっては何よりもうれしい発見だった。これで探検中に食料が足りなくなっ

ワシントンランドの地図

グリーンランドの地図とワシントンランドの拡大図。

ても、この地で獲物を探すことができるのだから。

こんなふうに土地の特徴に詳しくなるのも、ひとつの独学かもしれない。無理なく犬橇で走れるルートが見つかれば、そのぶん移動は効率的になる。獲物の棲息《せいそく》地の知識を増やして狩りの成功率を高めれば、外部からの補給にたよることなく、より遠くに旅行することができる。土地のことを知れば知るほど、旅行のスケールは大きくなってゆく。

もちろん走れば走るほど、犬たちも強くなり、私との連携もよくなってゆく。雪面と河原がモザイク状になって入りまじるワシントンランドの複雑な谷のなかを、私たちは何日も何日も放浪した。はじめのうち、犬たちは河原につっこみ、そのたびに橇をスタックさせて私の怒りをかっていたが、やがてそういうこともなくなっていった。これは、どのような場所を走れば橇がスタックしないか、を学んでいったのではなく、どのような場所を走れば私から怒られないか、を学んだからだろう。犬というのは、飼い主である私とのあいだの感情のやり取りをつうじて、橇の引き方を学習していくようである。

様々な発見をし、犬との連携を高め、私たちはひとつの犬橇集団となってワシントンランドの最北端に到達した。

岬の先端にたったとき、犬橇をはじめてたった二年でこんな北の果てまで到達できたのか、とささやかな感動をおぼえた。と、同時に、海峡をはさんでわずか三〇キロばかり先で茫洋《ぼうよう》と浮かぶ、カナダ・エルズミア島の島影を見て、憧憬《しょうけい》をおぼえもした。

本当なら、私はこのとき、目の前の海峡を越えてエルズミア島に行くつもりでいた。氷の状態もよかったし、私も犬もまだ余力があったので、それは十分に可能だったはずだ。だが、この年はそこで断念せざるをえなかった。事前に取得していた入域許可が、コロナ禍を理由にカナダ政府に取り消されていたからである。

人間のいない北極のど真ん中で、コロナが何の関係があるのか。不条理きわまりないことではあったが、いつかまたチャンスはくるはずだと言い聞かせ、村に撤退することにしたのだった。

あれから二年がたった。このときの強力な犬橇チームはもうこの世に存在しない。主力だった犬たちの多くが病気や老化、あるいは犬同士の喧嘩でこの世を去った。当時の一二頭のうち、今のこっているのは五頭である。六年間、ともに旅をつづけたウヤミリックや、ワシントンランドで大きく成長を遂げた若い先導犬が、その年の秋、私が日本にもどっているあいだに死んでしまった。ひとつの集団として完成しつつあったチームが完全に瓦解し、私のモチベーションはかなり落ちた。今も死んだ犬の顔が思い浮かび、あいつがいたら……と寂しくなることがある。

だが、死んだ犬のかわりに新しい犬がくわわった。新しいチームづくりの再開である。去年、今年と雌犬が産んだ七頭の子犬を、いつものように試行錯誤で訓練した。そしてその過程で私自身、犬の扱い方にさらに習熟してゆき、犬橇がまた一歩、上手になったと感じる。

おわりに

「独学は孤学ではない」

本書のトップバッターを務めていただいた読書猿さんが、『独学大全』のなかで書かれていた言葉です。

一四人の独学者がそれぞれの独学について語る本書を読み終えられた今、この言葉はより深い説得力をもって響くのではないでしょうか。それぞれが自主的に学びながら、全員が共通の営みに参画しているような不思議な一体感。まさしく、独学者は孤独ではないのです。本書を手に取られたみなさんも、すでに独学という営みの一員と言えるでしょう。

素晴らしい原稿をお寄せくださった寄稿者の方々に、心からの感謝をお伝えします。

それではみなさん、よい独学を。

ｋｏｔｏｂａ編集部

本書は、集英社クオータリー『ｋｏｔｏｂａ』二〇二二年冬号の特集『独学の愉しみ』に加筆・修正したものです。

独学《どくがく》の教室《きょうしつ》

インターナショナル新書一〇七

二〇二二年八月一〇日　第一刷発行

著　者　読書猿《どくしょざる》／吉田武《よしだたけし》
ウスビ・サコ
澤井康佑《さわいこうすけ》／鎌田敬介《かまたけいすけ》
志村真幸《しむらまさき》／青い日記帳《あおいにっきちょう》
永江《ながえ》　朗《あきら》／佐藤《さとう》　優《まさる》
柳川範之《やながわのりゆき》／石塚真一《いしづかしんいち》
岡部恒治《おかべつねはる》／深川峻太郎《ふかがわしゅんたろう》
角幡唯介《かくはたゆうすけ》

発行者　岩瀬　朗
発行所　株式会社 集英社インターナショナル
〒一〇一－〇〇六四
東京都千代田区神田猿楽町一－五－一八
電話 〇三－五二一一－二六三〇

発売所　株式会社 集英社
〒一〇一－八〇五〇
東京都千代田区一ツ橋二－五－一〇
電話 〇三－三二三〇－六〇八〇（読者係）
〇三－三二三〇－六三九三（販売部）書店専用

装　幀　アルビレオ
印刷所　大日本印刷株式会社
製本所　加藤製本株式会社

Printed in Japan　ISBN978-4-7976-8107-9　C0204

インターナショナル新書

090
ヒット曲のリズムの秘密
ドクター・キャピタル

歌は世につれ、世は歌につれ――普段テレビや街中で耳にするあの曲を、アメリカ人音楽博士が本気で解説。J-POPのヒット曲が持つ「リズムの秘密」を徹底的に考察しながら、日本の大衆音楽を丸裸にする。

091
ネオ・サピエンス誕生
服部桂
稲見昌彦 他

二〇二一年刊の雑誌『kotoba』(集英社)の特集「人間拡張はネオ・ヒューマンを生むか?」を新書化。ロボットや情報科学の研究者、ジャーナリスト、ミュージシャン、アスリートらが、来るべき「人間拡張」の未来を考える。

105
「プランB」の教科書
尾崎弘之

激変する現代において、企業や国家の浮沈を決める鍵となるのは有効な「次の一手」を出せるかどうかだ! 日本企業が陥りがちな「集団思考」を抜け出して有効なプランBを発動させるためのヒントを満載した一冊。

106
鉄道ビジネスから世界を読む
小林邦宏

アフリカを走る「メイド・イン・チャイナ」の鉄道。その光景にはポスト・コロナ時代の世界ビジネスを読み解くヒントがある。日本は乗るべきか、降りるべきか? 「次の駅」はどこだ!? 全ビジネスマン必読!!